デューデリジェンスのプロが教える

企業分析力養成講座

会社の本質を見抜く9のポイント

ブルー・マーリン・パートナーズ代表
山口揚平
Yamaguchi Yohei

Corporate Analysis by Professional of Due Diligence

日本実業出版社

はじめに

1999年に偶然M＆Aの世界に飛び込んだ私は、その後の10年間をこの世界で過ごした。

当時は、フランスのルノー社による日産自動車への資本参加など、いわゆる「ガイシ」による日本企業の合併・買収が相次いで行なわれ始めた時期だった。

とあるメーカーのM＆Aの現場にほうり込まれた新米の私は、ひたすら目の前の書類と格闘し、投資先のあらゆる部署の担当者にインタビューを行ない、夜を徹して膨大なレポートを積み上げていった。報告書ができあがった段階で、我々のチームはクライアント（顧客）への報告を行なうことになった。

しかし、そこで待っていたのはクライアントのシビアな一言だった。

「こんな分厚い報告書を求めていたわけではないよ」――――

続けて彼は言った。

「投資をするにあたり、我々が知りたいのは２つだけだ。１つは、この会社を動かすメカニズム、つまり**会社の価値の源泉は一体何か**ということ。もう１つは、**この会社の妥当な“値段”**である。それだけだ」

その言葉に私は衝撃を受けた。求められているのは企業の調査ではない。分析でさえなかった。我々に求められているのは、その会社の本質的価値を洞察することであった。

どのような会社であっても、その会社を動かしているコア（“ホットボタン”ということもある）があり、それを特定せずにはプロは決して投資を行なわない。

企業の本当の価値は、時価総額などでは計れるものではない。企業の価値とは、そこに関わる人々の多種多様な価値観の精妙なバランスの上に構築された高度な組織体系であり、組織の内部に長年にわたり蓄積されたオペレーションのノウハウや文化であり、そして卓越したマネジメント陣によって構築された事業戦略の精度の高さと、その結果として行なわれる短期効率的かつ長期効果的な資源配分の集大成なのである。それらは数字に表れてこない。

Ｍ＆Ａのプロには、この**「目には見えない」価値の本質を見抜く**修練を積むことが要求される。

企業の価値の根源を見抜くこの作業をＭ＆Ａの現場では「デューデリジェンス」（企業精査）と呼び、企業の価値を算定する作業のことを「バリュエーション」（企業価値評価）という。

Ｍ＆Ａの初期段階では、デューデリジェンスとバリュエーションが行なわれる。それも２週間から１か月という短期間で一気にだ。なぜならＭ＆Ａは極めて秘匿性の高い作業であり、外部への情報流出は御法度だからだ。したがってＭ＆Ａの現場は、それこそ火事場騒ぎとなる。弁護士・会計士・保険数理士・不動産鑑定士、様々な領域のプロが集まって一気呵成に企業の実態を暴いていく。

本書は、そんなデューデリジェンスの実務のエッセンスをもとに、一般の方々に興味を持って読んでいただけるように書いた「読み物」である。

金融業界の関係者、特に銀行の場合であれば、従来の土地・担保をベースとした資金供与ではもはや競争力を持つことができない時代だと理解されていると思う。融資先企業の戦略性・事業性を見抜き、経営者のパートナーとなることが求められている。本書ではそのようなニーズに応え、投資家サイドからの企業分析手法を紹介しようと思う。

個人投資家にとっても、本書で紹介する企業分析力を養うことは価値がある。私は、個人投資家に向けて執筆した『なぜか日本人が知らなかった新しい株の本』（ランダムハウス講談社、2005年）で、企業価値を５分で算定する簡易的方法を提供した。財務諸表に表されるいくつかの数字を用いて誰でも簡単に企業価値を導き出すことができる方法を紹介した同書は、大きな反響を呼んだ。

本書ではその続編として「数字には表れない価値の源泉をどのようにして見抜くのか」を紹介する。本書を読むことで、個人投資家が企業に対する理解を深め、投資収益を向上させることを願っている。

だが本書の本当のターゲットは、一般のビジネスパーソンである。

昨今、財務・会計の知識に対するビジネスパーソンの関心は高まっている。しかし数字の読み方を学ぶだけでは企業を真に理解することはできない。**数字は「結果」にすぎない。その結果を生み出す「原因」、つまり、ビジネスに目を向けて初めて、実務に役立つ知識を得たといえる**であろう。

確かに会計を学び、財務諸表を見て利益率や資産回転率等の数字を把握することには価値がある。しかし、より重要なのは、「なぜ利益率が高いのか？　それは今後も継続するのか否か？」を自らの頭で考えることであり、その原因を突き止めることである。数字を見て在庫回転率が低いことがわかるだけでは意味がない。「在庫の滞留が起こるのは業務の質が課題なのか、経営管理の仕組みが原因か、利益操作か、それとも単なる会計処理の問題なのか？」などと自分の頭で考える力が、今、本当に求められているのだと思う。

企業の実態を体系的に把握できるビジネスパーソンは強い。まず全社的な立場で自分の業務の位置づけを明らかにして行動できるため、効率的に仕事を行なうことができる。顧客企業への提案に際しても、その企業の抱えている経営的課題を実務課題にまで落として自社製品の提供につなげることで、高いマージンを達成することができるようになるはずだ。

経営企画はもちろんのこと、研究開発・製造などあらゆる部署のマネジャーにとっても、「企業分析力」を鍛えることは自らのスキルと会社の収益の向上に役立つだろう。

本書がビジネスパーソンにとって知的に面白く、かつ実務に役立つことを願ってやまない。

注　記

（注１）本書では「読み物」として楽しめるよう、それぞれのケースで焦点を明確にした分析を行なっています。しかし、実際のM&Aのデューデリジェンスでは 、財務・事業・法務などの側面から多面的に企業精査を実施しています。

（注２）本書で取り上げた企業に対しては、外部から入手可能な一般情報のみで分析を行なっています。そのため一部、実際の状況と異なる可能性があります。

（注３）本書における分析は執筆時点のものです。お読みになられた時点での対象企業の現況とは異なる可能性があります。

（注４）本書に掲載された図版で特に出所が明記されていないものは、各企業の有価証券報告書に記載された事項、およびブルー・マーリン・パートナーズ社の企業情報サイト「シェアーズ」中の分析ツールに基づくものです。また、ブルー・マーリン・パートナーズが独自に作成した図もあります。これらの図の著作権は、すべてブルー・マーリン・パートナーズに帰属します。

（注５）本稿は、「Business Media 誠」にて2007年に連載したケース「GABA」「ビックカメラ」「任天堂」を含みます。

デューデリジェンスのプロが教える　企業分析力養成講座　もくじ

本文デザイン：志岐デザイン事務所
本文組版：一企画
本文イラスト：ヤマダマコト

Guidance

ガイダンス

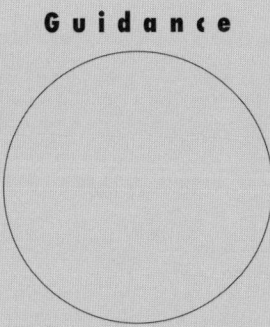

■デューデリジェンスとバリュエーション

企業を精査し、その本質的価値を見抜く作業を、M&Aの世界ではデューデリジェンス（企業精査）という。これに対し、企業の妥当な価格を算定する作業をバリュエーション（企業価値評価）という。

わが国では、バリュエーションという言葉は浸透しつつあるが、デューデリジェンスとバリュエーションの関係についての明確な定義はない。

そこで、まずは言葉の定義と、企業分析のステップについて簡単に説明しよう。

下記の図1を見てほしい。これは、私が因果のマトリクスと呼ぶ簡単な図だ。縦軸は原因と結果、横軸は過去と未来で分け、全体は4つの領

図1 因果のマトリクス

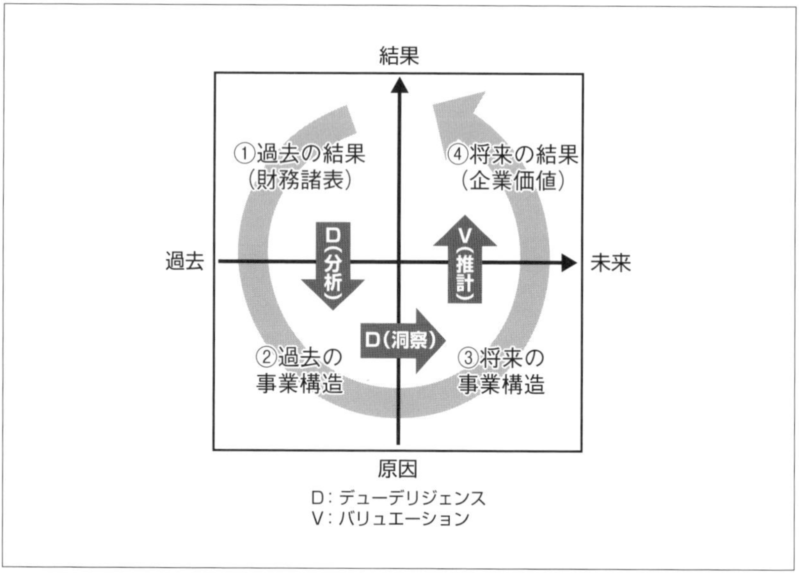

域に区切られている。

この4つの領域のうち、私たちが知りたいのは、当然ながら右上の④「将来の結果」である。だが、通常与えられている情報は、左上の領域①「過去の結果」だけである。

「過去の結果」は会社の成績表、いわゆる財務諸表の数値を見ればわかる。多くの人は、これをもとにして将来の結果を推察するが、うまくいかないことが多い。なぜなら結果から結果は生まれないからだ。結果は必ず原因から生まれるのである。

したがって、われわれは遠回りをしなければならない。将来の結果を見抜くためには、まず手元にある結果をもとに、それがどのような「過去の事業構造」(領域②)によって生み出されたものなのかを見極める必要がある。これを「分析」という。次にこの事業構造は、今後どのように変化するのかを「洞察」する必要がある。

この「分析」と「洞察」の作業をあわせて、「デューデリジェンス」と位置づける。

そして、洞察された「将来の事業構造」(領域③)がもたらすであろう「将来の結果」(領域④)を推計することを「バリュエーション」という。

つまり、企業価値評価(バリュエーション)を行なうためには、過去の財務諸表の原因分析と未来のビジネスを洞察するデューデリジェンスの作業が不可欠なのである。

■本書の構成

本書では、企業分析をわかりやすく、面白くするために、分析対象として皆さんもよくご存知の9社をピックアップした。そしてそれらの企業を、デューデリジェンスの実践において役立つ９つの視点から分析することを試みた。

１社分の分析をオムニバス感覚で読んでいただくことも可能だが、９社分すべてを理解すると、企業活動を取り巻いている要因の大まかな切り口・視点をつかめるようになっている。

また、各章の最後に配置したコラムでは、財務諸表や投資に関する説明や考察を行なっている。企業をより多面的に見つめるための知識や枠組として参考にしていただきたい。

なお、本書で使う情報は、基本的に誰でも入手できる情報（各種のホームページや財務諸表）のみにした。そのため企業の内部事情をよく知る方にとっては物足りなさを感じるところがあるかもしれない。しかし、あえて公表情報に限定したのは、企業分析のプロでなくても知識と思考力を養えば必要十分な分析ができるということを言いたかったためである。

■本書で取り上げる「分析の視点」

それでは、いよいよ分析の視点を紹介しよう。

まず、企業を理解するのにもっとも便利なのが損益計算書＝P/Lである。通常、私たちはP/Lの売上や利益を見てその会社を評価することが多い。だがP/Lは企業業績という「結果」を表すだけだ。企業を真に理解するには、その「周辺」に目を向けなければならない。

それを表したのが、図２である。私の会社ではこれを「バリューダイナミズム」と呼んでいる。バリューダイナミズムは、中心にP/Lをおき、その周辺の８要素を９つの領域で表すフレームワークである。

このバリューダイナミズムの中身から説明に入りたいと思う。

図2 企業を分析する9の視点

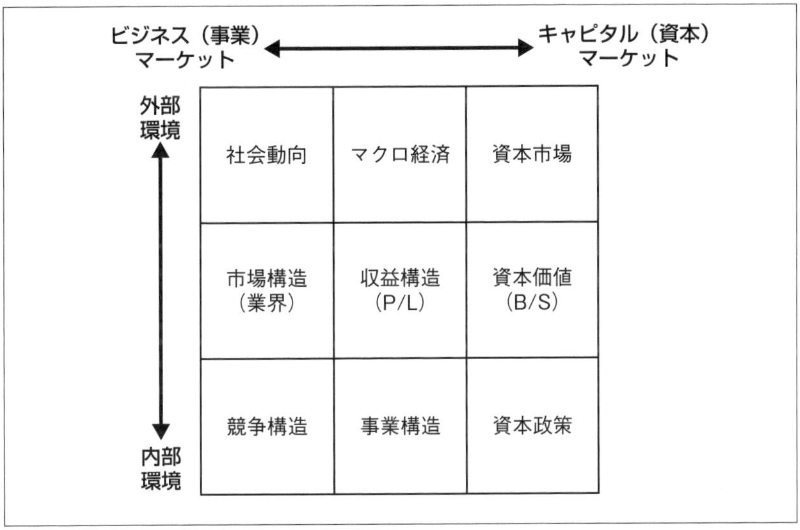

①社会動向/市場構造/マクロ経済の関係

最初は枠の左上、社会動向である。ここでいう社会動向とは、社会の価値観と言いかえてもよい。

社会の価値観は新たな需要を生み出し、企業はそれに対応する形で事業活動を始める。たとえば社会全体の環境意識の高まりが一定に達すると、これまで様子を見ていた自動車会社やエネルギー会社が一斉に電気自動車の開発に踏み切り、本格的な普及が行なわれるようになった。ストレスが現代社会の一般通念になると、マッサージやリラクゼーション産業が一気に花ひらくことになる。このような社会動向の変化から生まれるのが、その下の枠にあたる市場構造、つまり「業界」である（次ページ図３の矢印１）。

市場（業界）は、消費者の需要と企業の供給が出会う場であり、ライバル企業同士が競争を繰り広げる戦場である。この市場の規模と成長が

図3 視点のつながり①

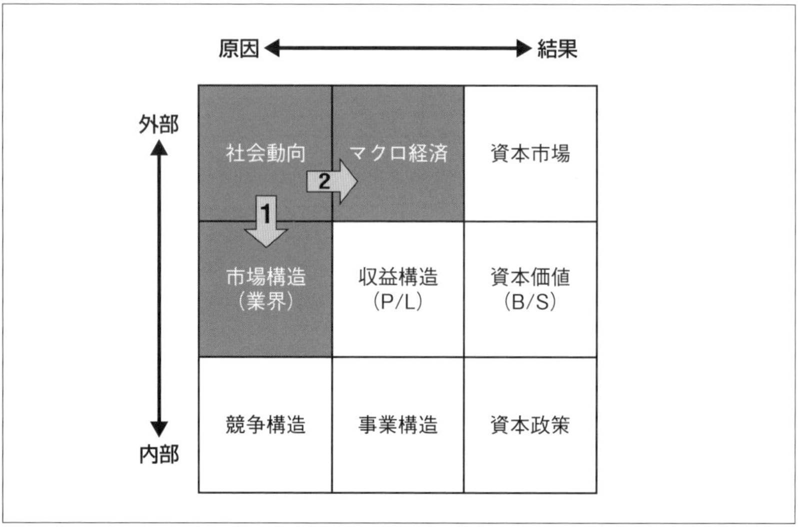

企業の売上にもっとも大きな影響を与える要素となる。

また、社会動向はトレンドや景気といった時代の雰囲気として、マスコミ等を通じてその右隣の枠であるマクロ経済に大きな影響を与えている（矢印2）。マクロ経済とは、為替・原油・金利（これをあわせて三大要素という）など多くの企業に共通して影響を与える要素である。マクロ経済の業績（P/L）への影響は後述する。

②市場構造／競争構造／事業構造の関係

さて、市場（業界）が形成され、さまざまな企業が参入してくると、おのずとそこで競争が生まれる（図4の矢印3）。その「競争構造」を表すのが左下枠である。企業の活動は顧客だけを見ながら行なわれるものではない。常に同じ顧客めがけて攻勢をしかけてくるライバル企業との戦いに打ち勝たなければならない。したがって企業を分析する際にも、

図4 視点のつながり②

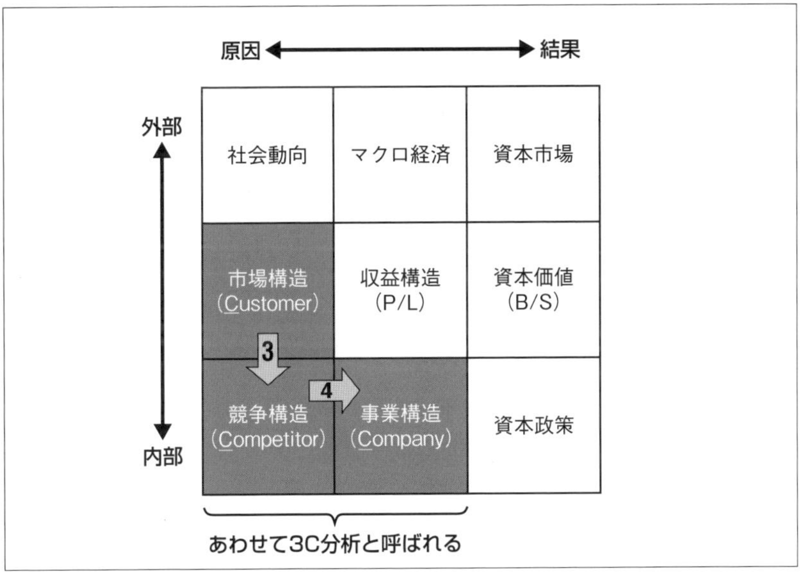

その競争構造を把握しなければならないということを図は表している。

企業が競合企業に負けないように手を尽くして工夫を凝らすとその結果は右隣枠の個々の企業の「事業構造」に表れる(矢印4)。

事業構造(ビジネスモデル)とは、企業が他社との違いを追求し、自社の強みを生かすように戦略や業務プロセスを変化させてできた仕組みのことだ。これら、「市場(顧客)」「競合」「自社(事業構造)」の3要素はあわせて3C(顧客:Customer 競合:Competitor 自社:Company)と呼ばれる。3C分析は企業分析のフレームワークとしてよく用いられるので知っている方も多いだろう。

③マクロ経済/市場構造/収益構造/事業構造の関係

企業が市場の需要に応える形でモノやサービスを提供すると売上があ

図5 視点のつながり③

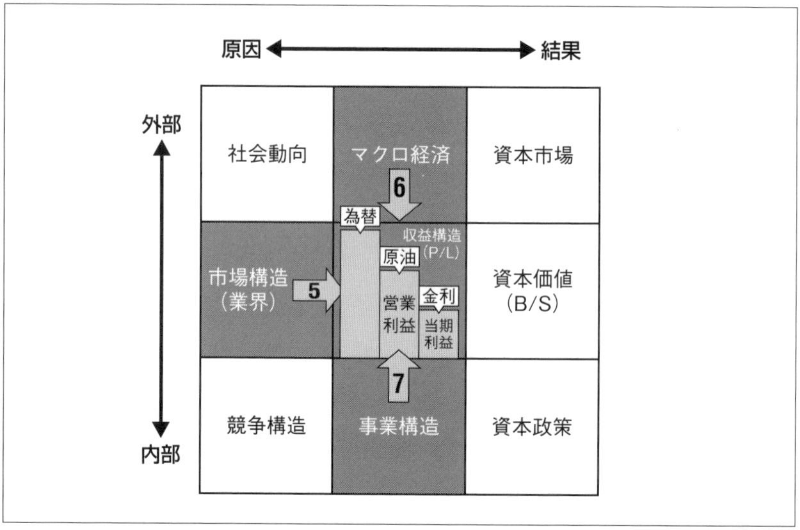

がる（図５の矢印５）。売上とは需要に対する貢献の結果である。しかし、売上をあげるまでにはさまざまなコスト（資源）が必要となる。そのコスト構造に影響を与える外部要因が、先ほどあげた為替・原油価格・金利などのマクロ経済（矢印６）であり、内部要因が事業構造（矢印７）である。

マクロ経済の三大要素である為替・原油・金利はそれぞれ収益構造に影響を与えている。たとえば、原油価格が上がれば製造業にとっては直接の製造原価が上がり営業利益が圧迫されることになるし、金利が上昇すれば、借金を抱える企業にとっては利払いが増え、当期利益が減少する。また、為替の変動は、グローバルに事業展開する企業にとっては売上やコストに大きな影響を与えることになる。

一方、事業構造も収益構造（P/L）に影響を与える。

たとえば、同じメーカーでも自社で開発した製品を一気に大量製造し販売する会社であれば原価の割合が高くなるし、顧客に個別に対応しながら受注生産していく場合であれば販売管理費の割合が相対的に高くなる。

このようにさまざまな要因から企業の収益構造（P/L）はつくられているのである。あらためてP/Lだけでなくそれを構成する周辺の要素を読み解く必要性がご理解いただけると思う。

④資本市場／資本価値／資本政策の関係

このような企業の活動の結果、創出されたP/L上の利益は、今度は、その右枠であるバランスシート（B/S）上の純資産となって蓄積される（図6の矢印8）。

P/Lが「結果」を表すのに対し、B/Sは、企業の「状態」を表したものである。両者の違い、その関係については22ページからのコラムを参

図6 視点のつながり④

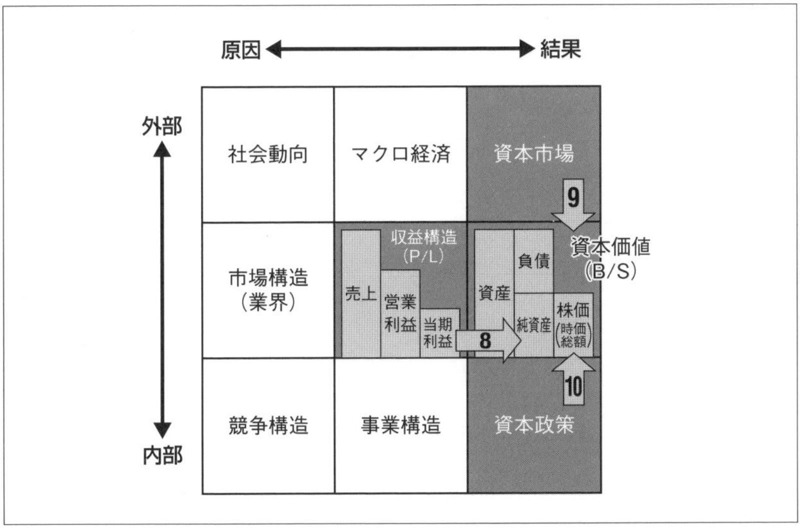

照していただきたい。

さて、このB/S中の株主が所有する資産の、市場における「時価」が、株価（時価総額）である。

ただ、株価は企業単体の業績（P/L）や状態（B/S）だけでなく、資本市場全体の動向（いわゆる相場）によっても上下に動く（矢印９）。株価の約30％は、この資本市場の動向に左右されるといわれている。特に新興企業の場合、その影響は顕著である。

一方で、自社のお金の使い方や、消費者や株主とのコミュニケーションの仕方も株価に大きな影響を与える（矢印10）。これを資本政策といい、その巧拙によっても株価は影響を受ける。上部の資本政策と下部の資本市場は「対」の関係になっており、資本市場の動きに応じて企業としてどのように資本政策を行なっていくかが、昨今の重要な経営課題となっている。

以上、やや駆け足で説明を試みたが、バリューダイナミズムで紹介した９つの要因が上下左右と複雑に絡みあって、企業の業績やその株価が構成されていることは理解していただけたかと思う。

よって企業を分析するときには、単にその業績だけを見てもダメである。業績がよく見えても実は、バランスシートが痛んでいるかもしれない。また業績やバランスシートが良くても競争環境は悪化しているかもしれず、社会の価値観は別の方向に変わりつつあるのかもしれない。それらは将来の業績に影響を与えるだろう。

さらにすべての事業環境がすばらしくても、資本政策が稚拙で株主から預かったお金を無駄に寝かせていたり、相場全体が低迷していれば株価は落ち込むだろう。株価が落ち込めば将来の資金調達は困難になり、競争上、不利になることもあるだろう。

企業を分析するには、包括的・全体的に見なければならない。

■本書で取り上げる「企業」

では、このバリューダイナミズムに基づいて、それぞれの視点ごとにケース企業を挙げながら説明していこう。

まず取り上げるのが、外資系の飲食業「**スターバックス**」である。この会社は日本の個人投資家にとても人気のある銘柄の1つだが、はたして妥当な評価なのか。

本文では、「スターバックス」の**収益構造（P/L）**を見ながら、そこに米国の本社に対する支払いコスト（ライセンス）等が発生していることに着目し、外資系企業の収益構造と利益還元の仕組みが個人投資家にもたらす影響を考える（case study 1）。

次に、**資本価値（B/S）**の分析例として「**三菱地所**」を取り上げた。“丸の内の大家さん”とも呼ばれる同社の企業価値のほとんどは、所有する「丸の内近辺の土地資産」である。このような不動産企業の実質的な資産価値はどのように算定すればいいのだろうか。本書では、バランスシートの分析手法を説明することを試みた（case study 2）。

事業構造の領域では、アンパンマンやガンダムといったアニメ制作で有名な「**創通**」（旧社名創通エージェンシー）を取り上げた。高い技術力にかかわらず市場での評価が低いこのアニメ制作会社がテンバガー（10倍株）になるためのロジックを、ビジネスシステムというフレームワークを用いて考える（case study 3）。

競争構造の考察では、小売業の「**ビックカメラ**」を用いた。小売業で成功するための要因がスケールメリットの追求であり、それを競合と競う時代は終わりを告げている。そのような環境の中、ビックカメラはどのように新たな強みの源泉を見いだすのであろうか。またその強みの源泉はどういう方向性にあるのか。マーケットの本質への対応について、小売り業の枠を超えた独自の考察を行なう（case study 4）。

市場構造の例として、英会話スクールを展開する「**GABA**」を取り上げた。この企業と、経営破綻したNOVAとの本質的な違いを、一体どこで見抜くことができたのか。２社の違いを、事業面・財務面の比較を通して解析し、今後のGABAの発展の方向性について考察する（case study 5）。

社会動向（トレンド・景気）に関しては、日本を代表するインフラ企業である「**JR東日本**」を取り上げた。マクロの社会動向が収益にどのような影響を与えるかということを考察するとともに、人を運ぶという機能における飛行機と新幹線の競争力の違いを、顧客の視点・収益構造の視点から分析する（case study 6）。

金融業界は**マクロ経済**から大きく影響を受ける。ここでは「**横浜銀行**」を取り上げ、一見複雑な銀行の収益構造について述べるとともに、それがどのようにマクロ経済の影響を受け、今後どのような方向に進んでいくのかについて考察する（case study 7）。

資本市場の動向（相場）については、「**ミクシィ**」を取り上げた。わかりづらい新興企業の価値を分析する手法を解説しつつ、相場を動かしているさまざまな要因について考え、ベンチャー企業への投資における注意点を紹介する（case study 8）。

図7 視点と企業の関係

	視点／企業	収益構造（P/L）	資本価値（B/S）	事業構造	競争構造	市場構造（業界）	社会動向	マクロ経済	資本市場（相場）	資本政策
case 1	スターバックス	★								
case 2	三菱地所		★							
case 3	創通			★						
case 4	ビックカメラ				★					
case 5	GABA					★				
case 6	JR東日本						★			
case 7	横浜銀行							★		
case 8	ミクシィ								★	
case 9	任天堂									★

最後に、**資本政策**という面では、「**任天堂**」を取り上げた。すばらしい事業を持ち、一人勝ちしているように見える企業にも、実は業界特有の弱点がある。任天堂を例に、お金の使い方と株主への影響について解説する（case study 9）。

それでは、ケーススタディを始めよう！

COLUMN

P/LとB/Sの有機的な関係

多くの人は、損益計算書（P/L）についてはよくわかっているが、貸借対照表（B/S）となると、なんとなくイメージがわかないのではないだろうか？

P/LとB/Sの関係をマラソンにたとえると、ゴールのタイムはP/L、ゴールしたときの体の状態はB/Sということになる。つまり、P/Lというのは、ある「期間」で上げた「成果」であり、B/Sというのは、ある「時点」における「状態」を表しているのだ（図8）。

たとえ短期間に成果が上がっても、その時点での状態が悪ければ、

図8 P/LとB/Sの関係

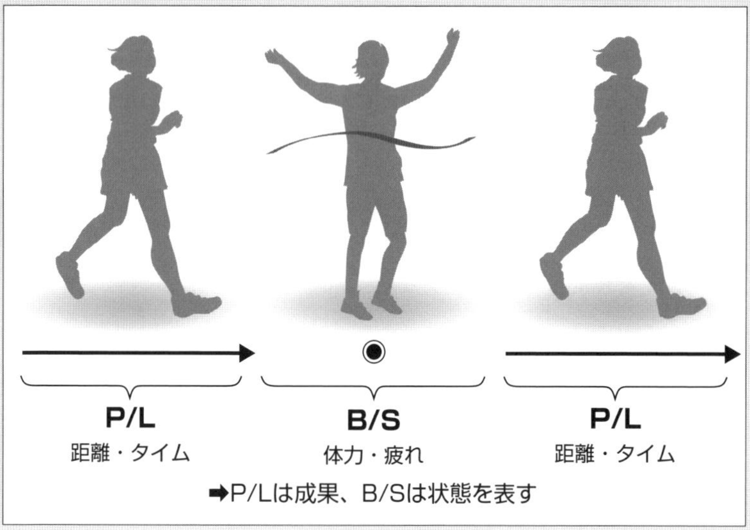

図9 P/LとB/Sのマトリクス

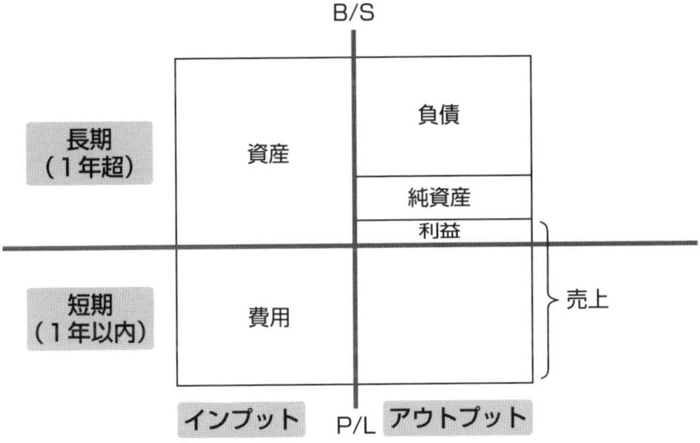

➡P/LとB/Sは互いに結びついている

次の成果に悪影響が出る。せっかくがんばって3時間でゴールしても、それで足腰を痛めたら、次の日の仕事に差し支えるということである。

仕事をむしゃらにやるだけでなく、健康状態も気遣う必要があるように、会社を見るときもP/Lの利益だけでなく、その健康状態であるB/Sを把握する必要がある。

そのP/LとB/Sの関係を端的に表したのが、図9である。上にB/S、下にP/Lが図示されている。P/LとB/Sはこうやって一緒に見たほうがわかりやすい。

・企業の活動の流れ

P/LとB/Sの関係を知るには、企業の活動の流れを考えてみればよい。図10を見てほしい。

図10 企業活動の流れ

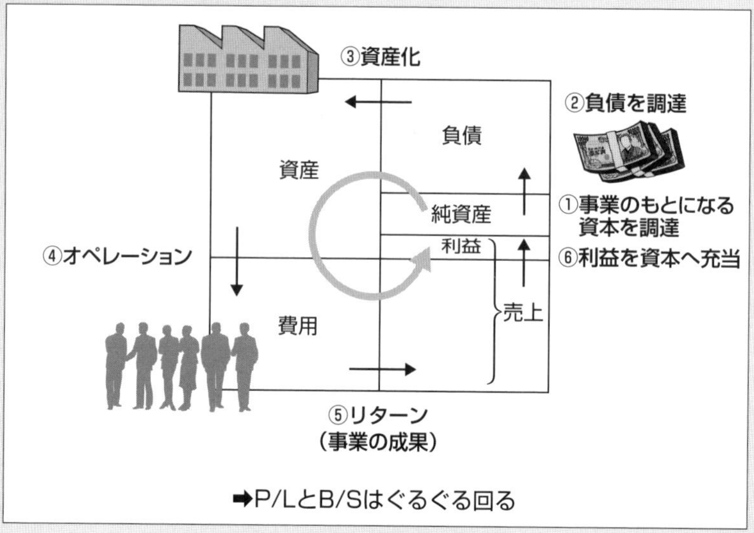

企業は、事業を行なうために、まずお金を株主から集める。これがB/Sの右下の純資産の部分である（①）。

次にその純資産を担保として銀行からお金を借りる場合もある。これがB/Sの右上にのってくる借金、つまり有利子負債である（②）。

そして、それら「スポンサー」から集めた現金が、資産としてB/Sの左側にのる（③）。

資産は当初、現金のみであるが、事業の開始に伴って、土地や工場といった固定資産など別の資産に変わる。

ここまでで事業開始の準備は完了である。

次に実際の事業運営を行なうことになる。いよいよ、P/Lの世界への突入である。

事業を行なうためには、まずは人を雇い、原材料などを仕入れることになる。ここでB/Sの現金は、人件費や原価といったP/Lの費用となって出ていく（④）。

これらの結果、顧客に商品やサービスを提供することができれば、P/ Lの右側に売上がのることになるだろう（⑤）。

そして、1年間に得た売上と費用の差が利益となる。この利益は、B/Sの右下の純資産に充当されることになる（⑥）。

次の年は、企業はそれをまた使って、新たな設備などへ投資をしていく。その資産がまた利益を生むという、図のようなサイクルがずっと続くことになる。

イメージとしては、B/Sの右側から始まって左側へ、そしてP/Lの左側、最後に右側の売上へとつながっていくという流れである。

B/SやP/Lは、単なる数字として捉えているとダイナミズムを感じることはできない。

左脳で数字を確認するのではなく、右脳を使って、イメージの世界で事業の動きと、数字の動きがどのように連動していくのかをとらえるのがコツである。

最初は難しいかもしれないが、3～6か月ぐらい、いろいろな会社のB/S、P/Lを眺めていると、ある日突然、その全体像をパッとイメージの世界で捉えることができるようになる。

私は、一時期、毎日2本の有価証券報告書を通勤の行き帰りに読むということを続けていた。

有価証券報告書を読む力が仕事で必須だったからだが、面白いもので続けていくうちに読むスピードが格段に速くなった。皆さんもぜひ試してほしい。

case study

1

スターバックス コーヒー ジャパン

◉分析する企業

スターバックス コーヒー ジャパン

外資系飲食業／2712（ヘラクレス）

◉企業を見る視点

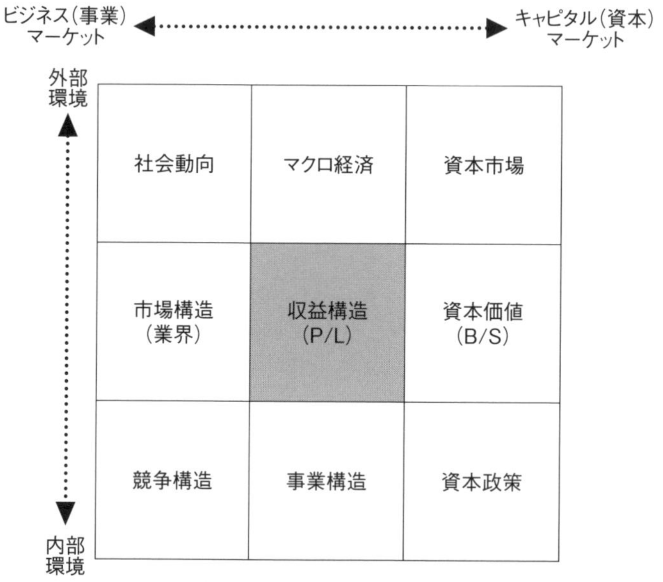

スターバックスは、個人投資家にもっとも人気の高い銘柄の１つだが、実際はどうだろうか？　ここでは、スターバックスの収益構造（P/L）に米国本社への支払コスト（ライセンス）等が発生していることに着目し、外資系企業の利益還元の仕組みが個人投資家にもたらす影響を考える。

■企業概要

➡コーヒーではなく雰囲気を売る会社

スターバックス コーヒー ジャパン（以下、スターバックスジャパン）はカフェブームの火付け役ともいえる世界最大のコーヒーチェーン、スターバックスの日本法人である。この日本法人は1995年に設立され2001年10月には大証ナスダックジャパン（現ヘラクレス）に上場を果たしている。

スターバックスが日本での１号店を出店してから10年が経過した2007年、その店舗数は41都道府県に約700店と広がっている。同社が一定の成功をおさめたことは疑いの余地がない。

しかし、同社が日本に参入を検討していた時、日本マクドナルドの社長の藤田田《でん》氏（故人）は、「もう日本のコーヒー市場は飽和しており、スターバックスが参入する余地はない」と言って日本参入を反対したという。これに対し、スターバックスのCEOハワード・シュルツは、「We don't sell coffee, We sell atmosphere（われわれは、コーヒーではなく、雰囲気を売る）」と答えたと伝えられている。**スターバックスが提供しているものは、コーヒーの品質だけではなく、そのスタイルであり、価値観**なのである。

■財務分析の視点から

➡ドトールとの比較でわかるスターバックスの強さ

さて、現在までのスターバックスジャパンの業績は非常に順調である。

同じコーヒーチェーンのドトールと比較しても、最近は、利益率で逆転していることがわかる。

両者は、コーヒーの価格帯やそのスタイルだけでなく、出店スタイル

図1 経営の効率性の比較

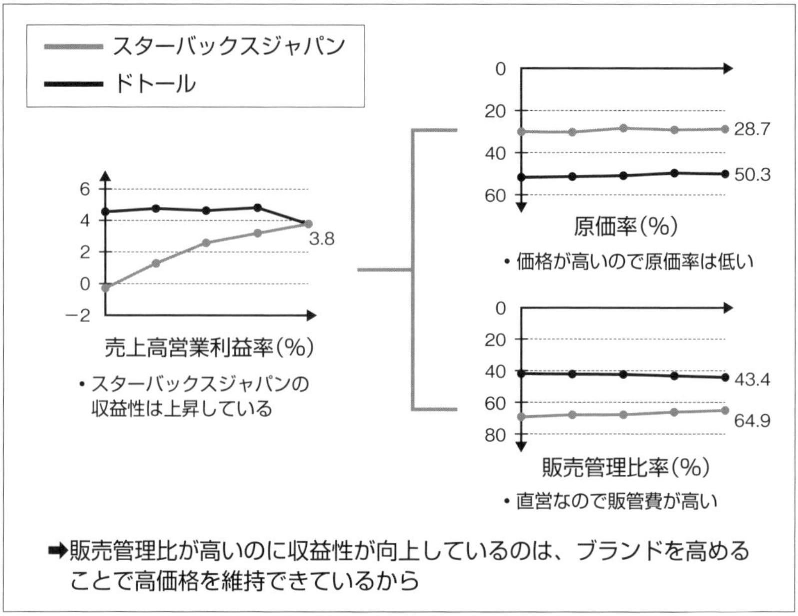

➡販売管理比が高いのに収益性が向上しているのは、ブランドを高めることで高価格を維持できているから

にも大きな違いがある。スターバックスジャパンは、ほぼすべての店舗を直営しているが、ドトールはほとんどの店舗がフランチャイズである。

一般に、スターバックスジャパンのように直営を中心に店舗を運営する場合は、ブランドや店舗の運営について本部のコントロールを効かせやすいという利点を持つ一方で、建物などの固定資産や保証金、人などを抱える必要があるため、販管費が高くなるので資本効率は悪くなる傾向を持つ。

しかし、スターバックスジャパンのすばらしい点は、資産を多く持つにもかかわらず収益性ではフランチャイズ展開をしているドトールを上回っていることにある（図1）。つまりこれは、ブランドを高め、一般よりも高い価格を顧客に訴求できている証拠といえよう。

■市場分析の視点から

➲市場規模の限界はまだ先に

次に、市場規模の側面からスターバックスジャパンの成長可能性を考えてみたい。

まずは飲食市場というくくりで同社の今後の発展可能性を検討していくのが順当であろう。

外食産業総合調査研究センターの資料によると、喫茶業全体の市場は減少傾向にあり、1997年には１兆4,000億円であった市場規模は、2007年には１兆600億円にまで縮小している。しかし、スターバックスジャパンのようなセルフ型のカフェチェーン店はわが国でも増加の一途をたどっている。このことから、既存の喫茶店のパイをこれら新しい業態のチェーン店が食っていることがわかる。

しかし、スターバックスジャパンの場合、市場を日本限定で考えなければならず、日本の人口動態から、セルフ型のカフェチェーンの市場にも限界が来ると考えられる。では、それはいつか？

セルフチェーンの市場が、喫茶市場全体の半分の水準まで伸びていくと仮定すると、その市場規模の限界は１兆円の半分の5,000億円程度となる。今、ドトールの売上高が700億円、スターバックスが900億円、仮にその他のチェーンの売上合計で1,000億円程度だとすると、現在の市場規模は2,600億円となる。仮に今後スターバックスジャパンの出店ペースと同じ年平均成長率10％程度の水準で、セルフチェーン業界全体の規模が拡大していくと仮定すると、あと７年で2,400億円分の市場が創出され、飽和状態になる計算だ（次ページ図２）。

だが、これはまだ先の話であり、しばらくは規模拡大の余地ありといえよう。

図2 セルフチェーン市場の今後

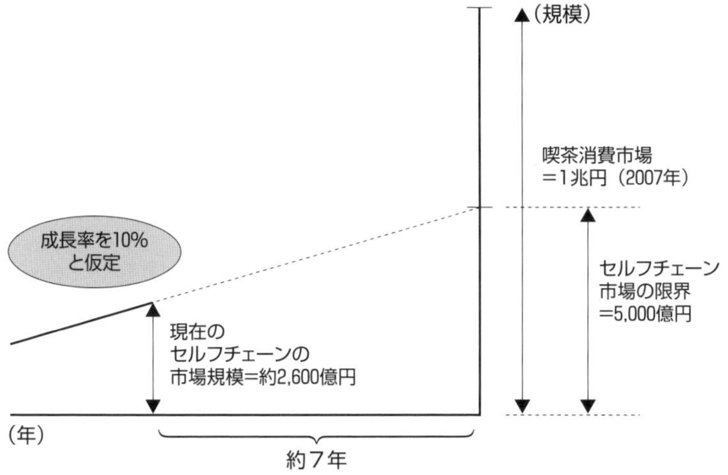

➡セルフチェーン市場が10%の成長率で拡大すると仮定すると、７年後には飽和状態に

P/L（収益構造）の視点から

➲外資系企業としての注目点

業績や将来性の面では磐石に見えるスターバックスジャパンだが、死角はないだろうか？　実はスターバックスジャパンの分析においてもっとも考慮すべきはその事業構造ではなく、**米国本社との関係がもたらす業績配分の問題**である（図３）。

スターバックスジャパンの資本構成を見ると、40％が米国スターバックス本社（の資本管理子会社、SCI）、40％がサザビーリーグという日本の会社によって保有されている。

サザビーリーグは、傘下に多くの雑貨小売店などを保有し、ブランド管理をしている持株会社的な企業だが、現在の会長である鈴木陸三氏は

図3 スターバックスジャパンの利益還元構造

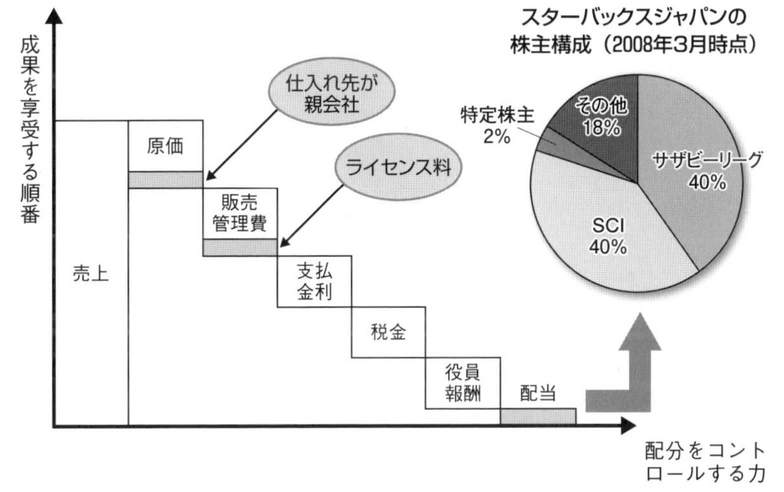

➡売上から独特の費用が引かれるので配当は少ない。そのうえ、利益配分には大株主の意向が反映される

日本にスターバックスブランドを輸入してきた人物でもある。

ここでは、スターバックスジャパンが米国スターバックス本社と交わしている契約内容をもとに、外資系企業の日本法人に特有の問題を考えたい。主要なポイントは次の３点である。

1．ライセンス料

2．出店ノルマ

3．利益還元

1．ライセンス料

スターバックスの契約条項を見ると、まずライセンス料率についての記載がある。これは、日本で子会社を展開している多くの外資系子会社に見られる条項である。気づきにくいかもしれないが、有価証券報告書（有報）にはきちんと記載されている。

有報によるとスターバックスの場合ライセンス料率は5.5％。この料率が高いか安いかを正確に判断するにはスターバックスブランドの価値を精査しなければならないが、他社の事例等を勘案するとライセンス料率5.5％は妥当な水準だ。ただ、確実に売上の5.5％が徴収されていく構造は、業界が成熟期を迎えてきた局面では競争上、収益性の面で不利に働く可能性もある。

さらに、2008年３月現在、支払手数料としてさらに15億円が計上されているが、この内容は不明である。この金額は会社の当期利益が35.5億円であることを考えると無視できない。

２．出店ノルマ

米国スターバックスとスターバックスジャパンの間には、「年内にこれだけ出店しなければならない」という契約条項が盛り込まれている。本社としては、売上の5.5％をライセンス料として受け取るわけだが、売上そのものについても出店数という形で縛りを設け、利益を確定するための契約となっている。

契約内容を読むと、日本法人が出店数を確保できなかった場合は、不足店舗分のライセンス料を米国本社に納める必要があり、日本法人の収益性にマイナスの影響を与える可能性がある。1996年に日本１号店ができてから、スターバックスはそれこそ破竹の勢いで展開してきたが、その裏にはこの「最低出店店舗数」という契約条項も影響を与えていたはずだ。

一時期、スターバックスが店舗の出店を急ぎすぎて、収益性を悪化させているといった報道がなされた時期があったが、出店ノルマが影響を与えたことも想像できる。

2008年3月時点のスターバックスジャパンの店舗数は776店であり、2009年3月時の最低出店店舗数を達成した。次の基準である2010年3月までの836店舗も、現状のペースでいけば達成は可能であろう。しかし出店スペースは、出店すればするほど少なくなっていく。米国の成功したパターンを日本で提供する時には、最初は一気に伸びるが、ある一定の規模まで達すると、ライセンス料をはじめとする各種さまざまな契約により収益性は低下することが想定される。

なお、出店ノルマは5年ごとに店舗数の見直しが入ることになっているが、その決定権が大株主である米国法人となると、その意味においても個人投資家は自らの利益還元についての発言力がない。

3. 利益還元

スターバックスジャパンを取り上げた理由は、投資を見すえて企業を分析する場合、その会社の「成果分配の構造を考えることが必要である」と認識していただくためだ。

日本法人に対する米国法人の影響を、スターバックスジャパンのP/L（損益計算書）の構造から読みとると、コーヒーの仕入先において親会社が取引先であることから、まず原価の部分でグループ内への還元が重いことがわかる。現在、コーヒー豆やコーヒーカップなどの重要な商品はすべてを米国スターバックスから購入しており（2008年3月時点での取引額は約67億円）、米国側の販売利益も多額であることを考慮すると無視できない金額である。

また、先ほど述べたようにライセンス料という形で販売管理費からも分配がなされており、年間50億円にものぼる（2008年3月時点）。そしてこれらは、大株主であるSCI（スターバックスコーポレーション、40%）の意向によって変更可能なのだ。

要するに経営のあらゆる局面において、本社のコントロールを受ける可能性があるということだ。個人投資家への還元が行なわれる前に、米国法人はP/L構造の上方で自由に自分たちの取り分をコントロールすることができる（39ページのコラム「P/Lの順序は、交渉力を表している⁉」を参照のこと）。

このような状況においては、スターバックスジャパンに出資している個人投資家は交渉力を持たず、株主の権限が著しく損なわれているということを知っておかなければならない。

スターバックスジャパンの株価のゆくえ

上場の本当の理由とは？

では、なぜ、スターバックスは日本で上場しているのだろうか？

本来、上場とは機動的な資金調達のための手段である。だが、米国本社のサポートがあるかぎり、わざわざ日本市場で独自に資金調達をする必然性はそれほど高くないはずだ（最初の設立段階で資本金約83億をサザビーと米国本社で出資済みである）。そうなると、この上場の理由は別にあるとわかる。

同社の上場理由は、新規出店の資金などの調達のためだといわれているが、実際のところは、経営者や従業員のための報酬、それから株主であるスターバックス本社およびサザビーリーグの利益確定というところであると考えられる。つまり、これまでがんばった人にストックオプションを発行することによる利益確定の意味が強い。

この問題について、スターバックスではブランド維持のため、そして従業員のモチベーション維持が第一としている。実際、スターバックスは従業員およびアルバイト（スターバックスではパートナーと呼ぶ）に対してもストックオプションを付与し、士気を高めることに貢献している。もちろん、価値向上のために従業員に一生懸命働いてもらうという意味でストックオプションを出すことは否定しないが、株の価値の薄まる度合いと価値向上とどちらのスピードが速いかという点で考えると疑問も残る。このような状態を見ると、スターバックスの経営は「還元」という観点ではどうしても内向きにならざるを得ないのではないか。

ちなみに、スターバックスジャパンの上場時の価格は１株6万4,000円。その日の終わり値は７万円。そして、上場後１ヶ月が経ったあたりから株価は下がり始め、その後一度として、この時期の株価まで回復したことがない（図４）。個人投資家を軽視しているわけではないだろうが、上場目的がブランド維持、従業員への還元では、個人投資家からの人気を保ち続けることは難しいのではないだろうか？　非上場でもブランドを維持することはできたのではないだろうか？

図４　スターバックスジャパンの株価の推移

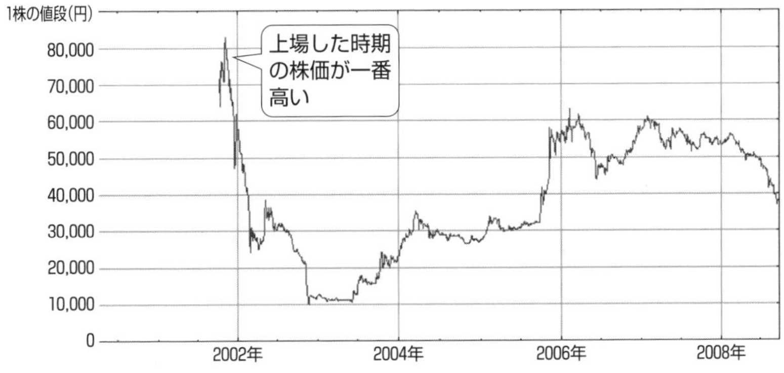

➡スターバックスジャパンの株価は、一度も上場期の価格まで回復したことがない

■まとめ

企業がどれだけ「稼げるか」は、投資家としてその企業に関わるときの半分の面でしかない。投資をする際には、もう１つの側面である、稼いだ利益がどのように投資家に「還元されているか」を考慮する必要がある。外資系のビジネスは、分配構造・契約構造において、個人投資家にはどうにもならない問題を抱えているケースが多いものである。

株の価値に影響を与えるのは、企業が創出する価値と、株主以外のステークホルダーに対するわれわれ株主の「交渉力」である。その意味で株主が特定少数にかたよらず分散されているということは個人投資家にとってきわめて重要なことである。

日本の個人投資家にとって比較的人気の高い銘柄の１つであるスターバックスが、個人投資家に不向きな銘柄の１つであることは皮肉である。

個人投資家は単に株価や印象だけで投資を決めるのではなく、その経営構造や利益分配における交渉力の問題についても理解していかなければならないだろう。

P/Lの順序は、交渉力を表している!?

損益計算書（P/L）は、一定期間（通常１年）の経営成果を表したもので、ある期間にあげた成果（売上）から、ある期間に費やしたコスト（費用）を引けば、その成果である利益を把握することができる。

P/Lの構造のスタートは売上であり、これを分解すると上から原価があり、次に販売管理費があり、と続くのがわかる（図５）。よ

図5 成果の享受・コントロールと、P/Lの構造の関係

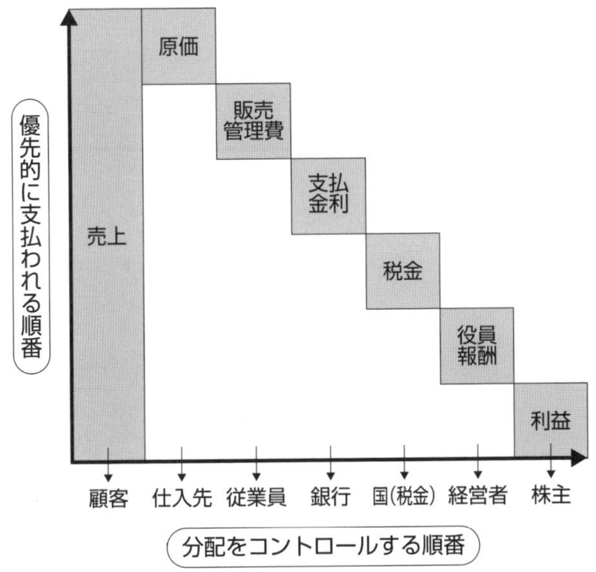

➡分配をコントロールする力が強いほど、成果を享受する順番が遅い

く知られている順番だが、実はこれは、「売上という成果を、誰に対して先に分配するのか？」という順序を表しているのである。

売上からまず引かれるのは原価である。原価は仕入先に対する支払のことである。したがって、事業の成果をまっさきに享受するのは仕入業者ということである。次に、販売管理費が引かれる。これは主に従業員に対する成果分配である。一般的にサラリーマンは「資本家が搾取する」といって嘆くが、実は、成果配分の順序が早いためリスクが低い。だからローリスク、ローリターンのポジションだということになる。

売上から原価と販売管理費を引くと営業利益が出る。営業利益は事業がもたらす直接の成果を表している。通常、営業利益から支払利息が引かれる。これは債権者、主に銀行に対する分配である。次は税金、要するに「お上《かみ》」への支払いである。残ったものが純利益となり、そこから経営者への分配が行なわれる。最後が株主資本に充当され、株主の取り分となるわけだ。

仕入先、従業員、債権者、税金、役員、株主という分配の流れは、裏返せば「権利の大きさに反比例」している。よく会社は株主のものだといわれるが、これは、株主が最後に分配を受けるので、それをコントロールする権利を持っているということを意味している。要するに、分配が遅いほうが、それよりも早い人たちをコントロールできる仕組みが必要だということだ。

「P/Lの順序が分配を受ける順番を表している」ということを知っておくのはとても有益である。なぜなら、P/L自身の構造はビジネス環境の複雑化に伴い、これからもどんどん複雑化していくからだ。ただし原理・原則さえ知っておけば、どのように複雑化しても基本に立ち戻ることができるのである。

case study

2

三菱地所

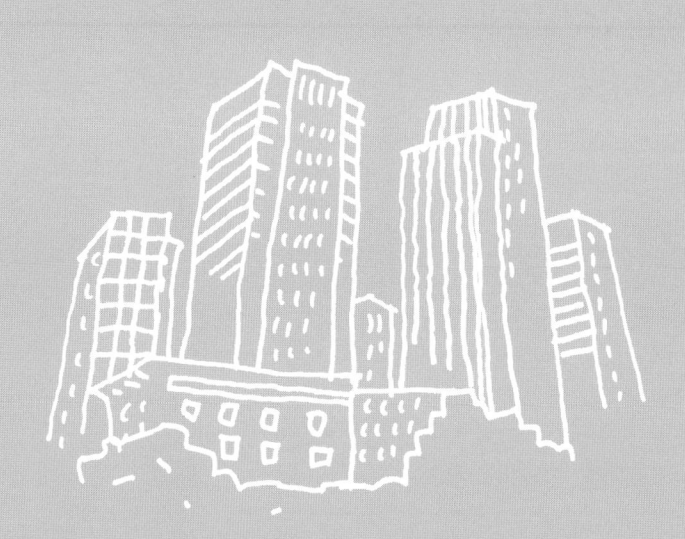

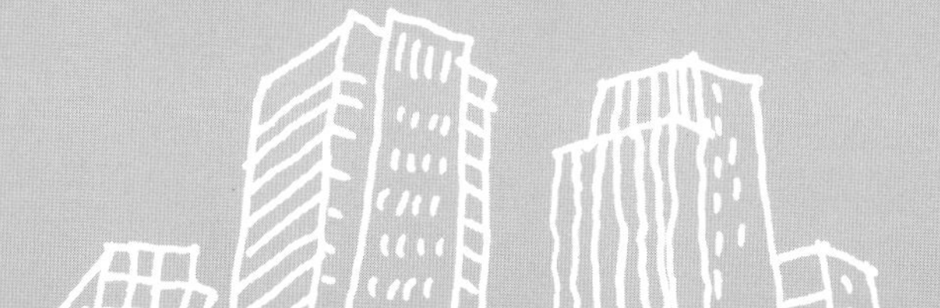

◉分析する企業

三菱地所

不動産業／8802（東1）

◉企業を見る視点

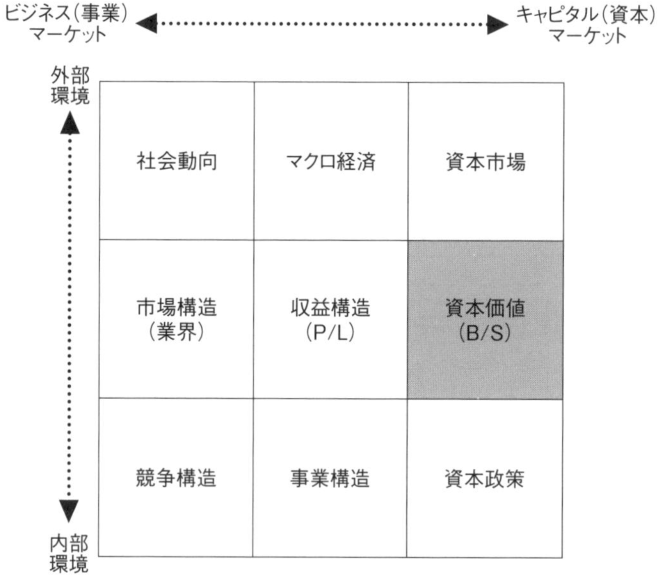

企業分析の方法にはいくつかあるが、三菱地所を分析するには「保有する資産（アセット）をもとにした方法」をとるのがふさわしい。同社の企業価値のほとんどが、古くから保有する不動産（アセット）によって占められているからだ。ここでは不動産の価値を、簿価ではなく実勢価格で再評価し、同社の本当の資本価値（B/S）を分析する。

■会社概要

➡総合不動産業をどう分析するか?

三菱地所は一般的には不動産業に属する。だが不動産業といってもその幅は広く、「資金調達」「用地取得」「企画開発（建設）」「賃貸・管理」に分かれる（図1）。

同じ不動産業界であっても、企業によって見るべき観点はまったく異なる。不動産オーナーから運営管理業務全般の委託を受け、対価として手数料を得るプロパティマネジメントの会社の分析であれば、その会社が生み出す収益（フロー）をもとに行なわれるが、総合不動産業では、保有する資産（アセット）の価値の分析に重点が置かれる。ここで取り

図1 不動産業の領域

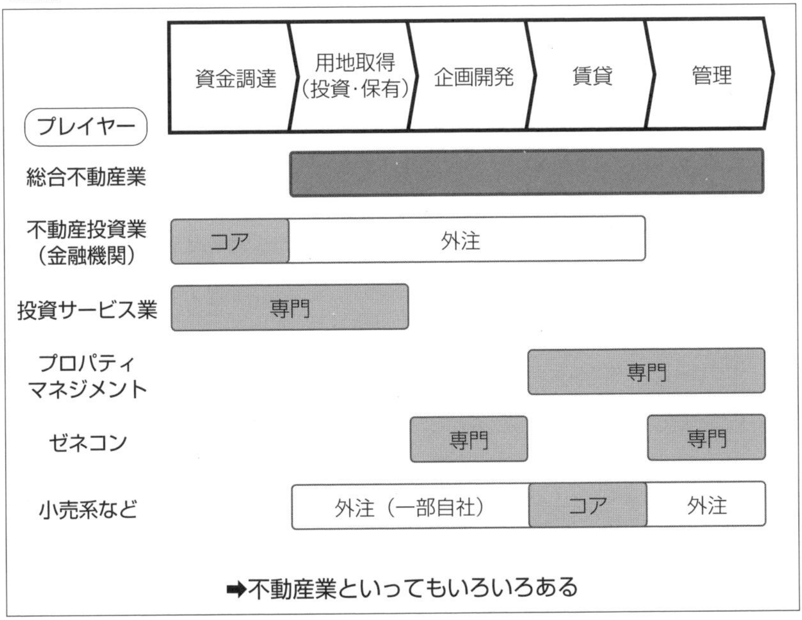

上げる三菱地所は、後者である。

一般に、アセット型のビジネスモデルは、重厚長大産業や多額の設備投資を必要とするビジネスで、バランスシート上に固定資産が計上される。アセットを持っているために借入などを比較的容易に行なうことができ、借入比率がフロー型に比べ高い。一方、フロー型ビジネスは主に変動費で費用をまかなうビジネスモデルである。モノを仕入れ、売り切ってしまう小売ビジネスや、人件費が主要な費用となるコンサルティングなどがこれにあたる。

■収益構造の視点から

➡収益の大小から分析のポイントを絞る

さて、丸の内の大家さんと評されることも多い三菱地所だが、その事業内容はビル事業から住宅、海外にまで多岐にわたる。有価証券報告書には９つのセグメントが記載されているが、ここではビル事業、住宅事業、海外事業に焦点を当ててみよう。なぜなら、図２に示されるように、収益の大半をこの３事業から計上し、なおかつ利益の大半をビル事業からあげているからである。

このようなコングロマリッド（複合事業型）企業の場合、**どこが収益の源泉なのか**を見極め、分析するポイントを絞ることが時間効率の面からも有効である。

ビル事業は、有価証券報告書にも記載のある通り、自社でビルを所有し、賃借することにより収益をあげる純粋なアセット型のビジネスである。住宅事業は、住宅を建設・販売し、収入を得るフロー型の事業である。海外事業は、オフィスビルの開発・管理・運営・不動産仲介などである。

図2 三菱地所のセグメント別売上、利益の構造（2008年３月時点）

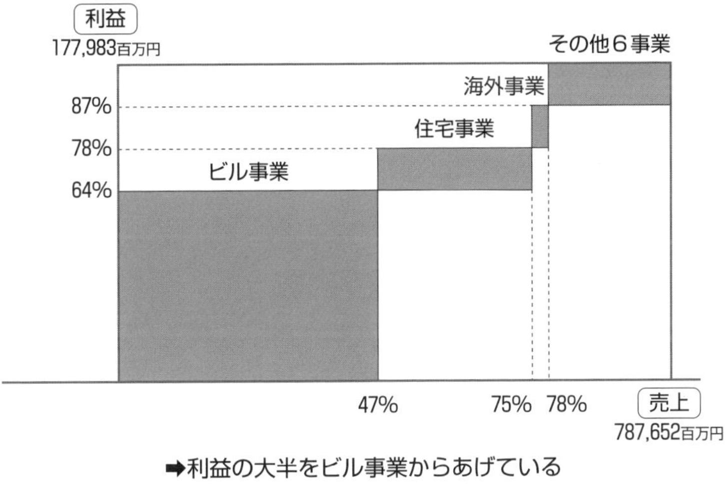

バランスシートの視点から

ストックで見た三菱地所の価値は4.6兆円

・フローを見るか、ストックを見るか

実際に各事業の価値を評価していこう。事業の価値を評価するにあたっては、主に次の３つの方法がある。

①資産が生み出す収益やキャッシュフローをもとに、事業の価値を分析する（フローを見る）
②貸借対照表に載っている資産の価値を分析する（ストックを見る）
③同じような業態の会社と比較する

では、どのような時にそれぞれを使うのだろうか。

通常、その企業が継続的に事業を行なうことを前提とした場合には、①の、資産が生み出す収益やキャッシュフローをもとに事業価値を算定する方法をとる。だが、その企業の事業継続が危ぶまれる場合や、資産が生み出すキャッシュフローの水準よりも資産そのものを売却したほうが価値が高くなってしまう場合には、②の方法によって価値を算定するほうが有効だ。なぜなら、買収者によって継続企業の前提そのものを覆される可能性があるからだ。

その資産と負債の「生」の価値の評価をすることを「清算価値を求める」という。これは企業を清算した場合の価値を算出するということだ。三菱地所の場合も、実はフローを評価するより、この清算価値のほうが高くなる可能性があるのである。

③の方法については、同社の場合、その規模・特殊性から比較する会社が少ないため本稿では割愛する。

・ストックで見るとビル事業は４兆円

では三菱地所の価値を分析してみよう。ストックを持っているのは主にビル事業である。よってここでは、ビル事業はストックを評価し、住宅事業と海外事業はフローを評価するモデルで評価を行なうのが妥当である。ビル事業からその価値の計算をしてみよう。

バランスシートを見ると、その帳簿価額は１兆5,600億円（2008年３月時点）である。これはもちろん、三菱地所が保有する全国（海外含む）の土地の帳簿価額合計である。この時価すべてを推計することは困難なので、ここでは丸の内の土地を例にして、その時価を推計しよう。

土地の時価を算出する方法はいくつかあるが、ここでは国土交通省が提供している『土地情報ライブラリー』（http://tochi.mlit.go.jp）を活用して、その価格を調べることにする。

すると、2008年の丸ビル付近の地価は約3,500万円／㎡だということがわかる。これに有価証券報告書に載せている丸ビルの土地１万㎡を掛けると丸ビルの時価が出る。もちろん土地だけの値段だが、3,500億円である。これが丸の内地区、大手町地区全体（12万㎡）となると、約4.2兆円である。以上が三菱地所のビル事業のざっくりとした評価額となる。

この値に建物の評価価額、他の地区の土地、建物の評価価額を上乗せすると、プラス数兆円になるだろうか。調査によると、丸の内の土地の価値は数兆円、また、ある生命保険会社の見立てだと三菱地所の価値は20兆円程度にもなるという（日経産業新聞2007年５月11日）。さらに仮定の置き方や税金を考慮してもっと緻密に計算することは必要だ（出所によって推計に差があるのは、前提が違うからである。自分の納得する推計を行なうことが肝要である）。

なお、土地の実勢価格ベースで企業価値を評価すると、「中村屋」や「歌舞伎座」といった銀座に広大な土地を持つ企業の価値はとてつもなく大きいことがわかる。買収ファンドが狙いたくなる気持ちもこれでわかる。

•フローで見ればビル事業は１兆円

ちなみに、ビル事業をフローで評価するとどのようになるだろうか。ビル事業の毎年の営業利益を直近期の利益1,100億円だとすると、ここから税金を40％納める必要があるため毎年のキャッシュは約600億円となり、それを割引率６％で割り戻すとフローの価値は約1.1兆円である（割引率については146ページのコラム「デットとエクイティ」を参照のこと）。ストックで評価すると４兆円、フローで評価すると１兆円とその差は大きい。

次に、住宅事業の価値を計算しよう。住宅事業はアセットを持っていないため、フローで評価することになる。毎年の営業利益を240億円と

図3 各評価方法による三菱地所の企業価値（2008年時点）

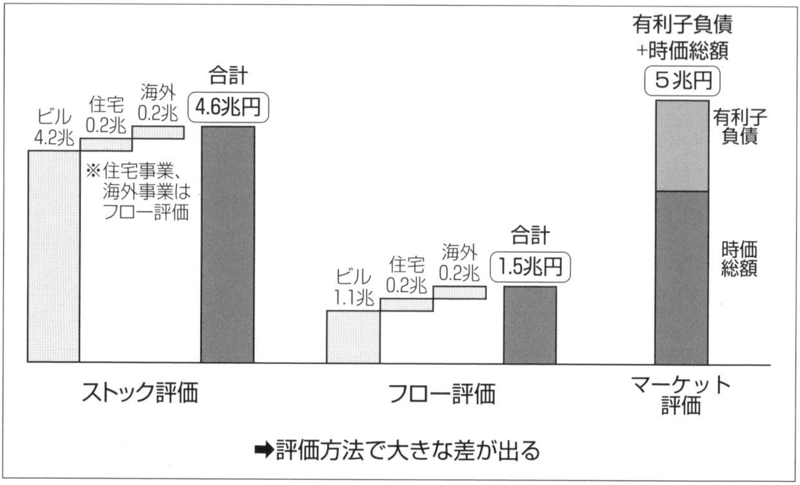

すると、その価値は営業利益の10倍の約2,400億円となる（事業価値を営業利益の10倍とする根拠については、拙著『なぜか日本人が知らなかった新しい株の本』を参照のこと）。また海外事業についても同様の計算をすると、約1,700億円となる。

三菱地所の被買収リスク

➲割安度と株式取得可能性で判断する

さて、計算によっては数十兆円にもなるといわれる三菱地所の価値であるが、2008年９月現在の時価総額は３兆円強、有利子負債を足した企業価値でもわずかに５兆円である。これは割安に評価されているといえないだろうか。

ここでは一歩進めて、企業側からの視点も見てみたい。

企業がその価値に対して市場で割安に放置されていると、買収されるリスクが出てくる。企業が買収される可能性があるかどうかを判断するには、「割安度」と「株式取得の可能性」の２つを見ていけばいい。その際の論点は、図４に示された７点で整理される。以下、そのリスクを検証していこう。

まず、上記で計算した通り、三菱地所は株価に対して潜在的にかなり高い価値を持っていると考えられる。また、９つの事業セグメントを抱える同社はコングロマリッド化（複合化）することにより、その価値を下げているとも考えられる（これを「コングロマリッドディスカウント」という）。このような場合は、買収者が解体やオペレーションの改善を行なうことにより企業価値を高める可能性もある。

こういった低評価は、増配などの株主還元施策やIR（インベスター・リレーションズ）活動による株主との対話によって、三菱地所の戦略や展望に関する理解を促進することで解消が可能だ。

株式の流動性の観点から見ると、三菱地所の大株主は信託口や生保で占められており、金融筋が多い。外国人投資家比率も40％を超えている（次ページ図５）。このような投資家は、経済合理性に忠実に行動する可

図４ 企業が買収される可能性の判断

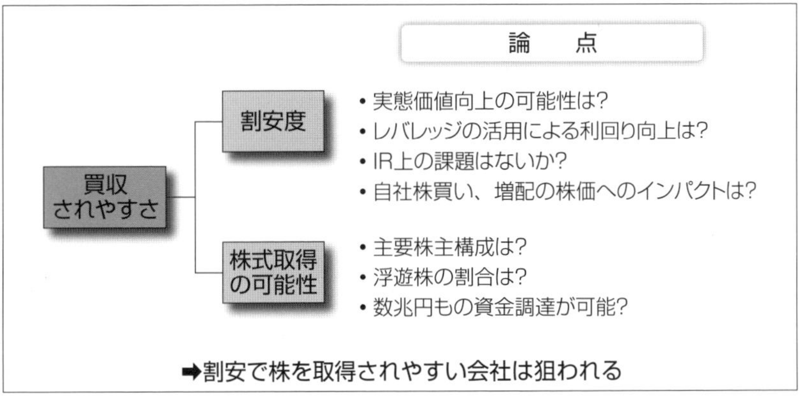
論　点
買収
されやすさ
割安度
• 実態価値向上の可能性は?
• レバレッジの活用による利回り向上は?
• IR上の課題はないか?
• 自社株買い、増配の株価へのインパクトは?
株式取得
の可能性
• 主要株主構成は?
• 浮遊株の割合は?
• 数兆円もの資金調達が可能?
➡割安で株を取得されやすい会社は狙われる

図5 三菱地所の株主構成（2008年３月時点）

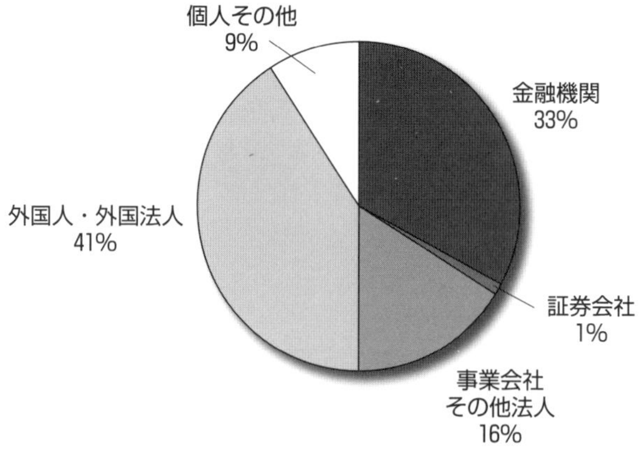

➡経済合理性に忠実そうな投資家が多い

図6 ヘッジファンド運用資産規模（2006年末時点）

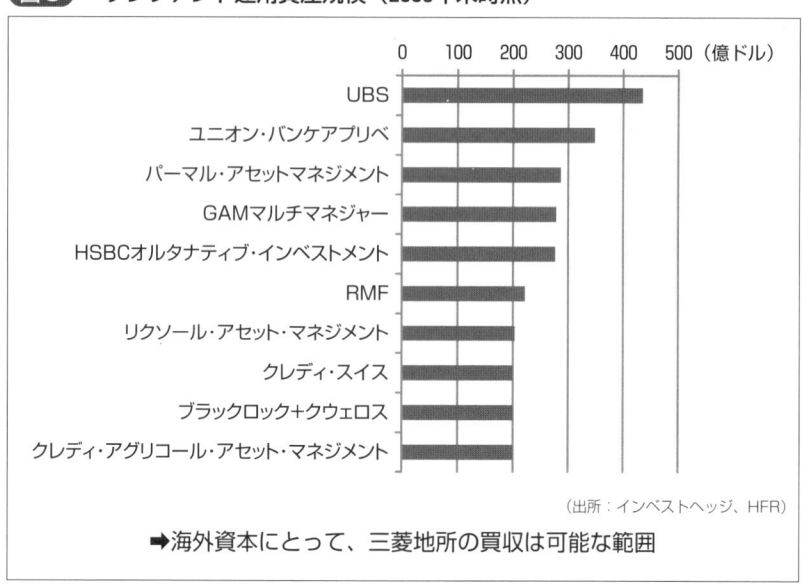

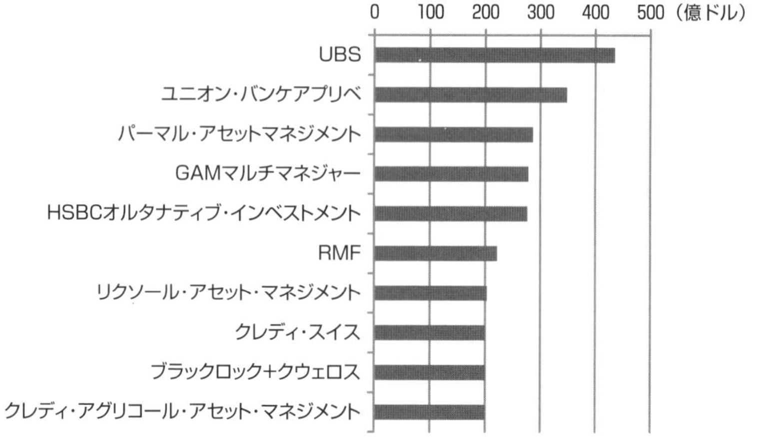

（出所：インベストヘッジ、HFR）

➡海外資本にとって、三菱地所の買収は可能な範囲

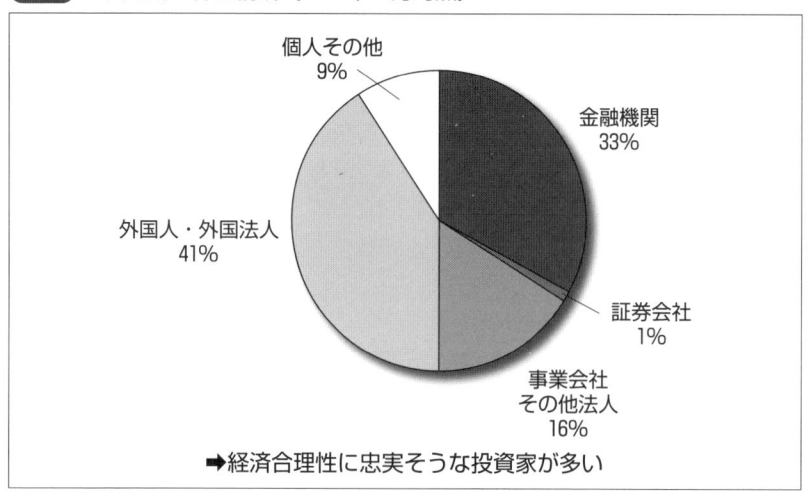

能性が高く、仮に企業価値を上げる買収者が出現した場合、その提案に賛同することも十分に考えられよう。

資金調達の可能性について見ると、時価総額４兆円の51％、約２兆円強の買収は、規模の大きな海外系不動産ファンドには可能な範囲だ（図６）。

最後に三菱地所の防衛策について見てみよう。三菱地所は、2007年6月に買収防衛策を導入した。これは敵対的買収者が現れた場合、新株予約権を無償割当することにより、買収者の株式保有割合を相対的に下げることができる（いわゆるポイズンピル）条項を盛り込んだものだ。しかし、ポイズンピル自体は、買収リスクをゼロにするものではない。また株主からの訴訟リスクを抱えることとなり、その企業価値を下げることにもつながりかねないため、効果に関しては疑問が残る。

まとめ

アセットを持つ不動産ビジネスは、そのアセットの時価を計算し、割安かどうかを判断することが重要である。これにより時価総額が割安か割高かを判断することができ、割安であれば投資価値があると考えることができる。ただし、企業が割安に放置されると買収のリスクが増える。

買収によって短期的に株価は上がるかもしれない。しかし、投資の目的は、短期的に「儲けること」だけとは限らない。会社のオーナーになるという、感情的な「所有プレミア」もあるのだ。“丸の内の大家さんの大家さん”になり、「丸の内は自分の庭」という気分を味わってその開発を見守るという長期投資の姿勢をとるならば、破壊的な買収者が株主となるのはマイナスである。

このような投資スタンスの違いをふまえて、企業の方針や株価の状態を見極めることが、個人の投資家にも求められつつある。

分析のプロはB/Sをどう見るか

B/Sは企業の「状態」を表す、と先に述べた。ではその状態はどのように観察すればよいのだろうか？

会計の世界では、資産や負債は流動・固定に分ける。流動資産や流動負債とは、そのP/L期間（通常１年）の間に変化するもの、という意味である。逆に、固定資産とは、そのP/L期間（通常１年）の間には「変化しない」ということを意味する。ここでわかるように、流動・固定という考え方は、P/Lとの連動性を意識した分け方である。企業活動を、期間成果と時点状態で把握しようという会計的発想をその背景に持っているのである。

だが、投資や財務の世界ではこのような見方をしない。なぜならば、企業分析家や投資家にとって重要なのは、企業活動の把握ではなく、企業実態（価値）の評価だからである。

通常、投資家は、B/Sを、以下の４つに分解して考える。

① 事業用資産
② 非事業用資産
③ 運転資本
④ 調達資本

それぞれ簡単に説明しよう。

① 事業用資産

事業用資産とは、その名の通り、事業運営に使っている資産のことである。具体的には、建物や土地、設備などの有形固定資産と、

図7 投資家のB/Sの見方

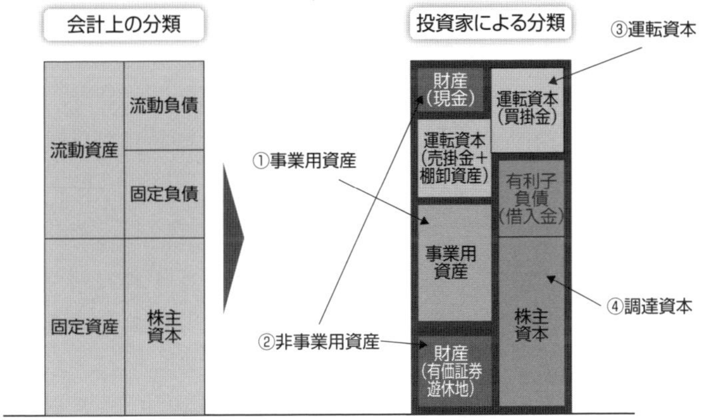

➡投資家はB/Sを４つに分解する

ソフトウェアや敷金・保証金などの無形固定資産が当てはまる。

事業用資産の変化は、必ず経営の意思決定によるものであるから、企業を評価する場合はその理由を確認しなければならない。

また事業用資産の劣化可能性についても見ていく必要がある。資産として載っているが、実は資産価値がないものも多くあるからだ。特に、棚卸資産・在庫（製品・原材料・仕掛品）だが、これは、「六掛け」くらいで評価するのが保守的でよいかもしれない。あるいは、工場等の固定資産は、一気に価値がなくなり除却される可能性があるためゼロ評価することもある。それから各種引当金についてはその回収可能性を個別に見る必要がある。

②　非事業用資産

非事業用資産とは、事業に直接使っていない資産である。そのような資産を保有する必要があるのかという指摘もあると思うが、将来の投資への備えのために、日本企業は非事業用資産を持っていることが多い。具体的には、余剰の現金や事業に使っていない土地、有価証券などの固定資産が挙げられる。

余剰の現金とは、運転資本や将来の投資に用いるあてのない現金を指す。事業に使っていない固定資産は、詳細は有価証券報告書の「附属明細表」を見ればわかる。ただし、注意が必要である。なぜなら固定資産として企業が持っている株の中には、お金を借りている金融機関の株や、取引先の持ち合い株などがあるからだ。これらは、「余っている」とは判断しづらい性質のものである。もしこれを売却してしまったら、営業がやりづらくなり、結果として経営がうまくいかなくなる可能性もある。そのような有価証券は事業用資産ともいえるだろう。

③　運転資本

運転資本とは、ひと言でいえば「つなぎ資金」のことである。企業が商品やサービスを提供してお金を得るには、原材料を仕入れ、商品をつくり、それを販売し、代金を回収するまでに一定の期間がかかる。その間に必要なつなぎとなるお金の額のことである。

たとえば、私たちはいつも財布を持ち歩いているが、その中に入っているお金が私たちの運転資本である。まじめに働いていれば月末には給料が入ってくるが、それまでに出て行くお金（出費）がある。そのため、財布の中にある一定量のお金をプールしておく（眠らせておく）必要があるのだ。もし財布の中に３万円を常時入れておくとすると、この３万円は眠っていることになる。この３万円を定期預金などに預けておけば、１％の利息（300円）がつくかもしれないが、財布の中のお金は何も生まれない。このような資金が運転資本であり、通常それは、「コスト」と認識される。

運転資本を構成する主な項目は、売掛金、棚卸資産、買掛金の３つである。売掛金とは、販売したもののまだ現金を回収していない資産、棚卸資産とは、まだ販売していない製品のこと、買掛金とは、仕入れたもののまだ現金を払っていない負債である。

３つの関係を式で表すと次のようになる。

運転資本 ＝ 売掛金 ＋ 棚卸資産 － 買掛金 ＝ コスト

売掛金や棚卸資産がたまっていると、より多くの運転資本が必要になる。また買掛金を増やせば、支払を遅らせることができ、運転資本を削減することができる。

④　調達資本

最後は調達資本である。調達資本とは、企業が事業を行なううえで調達した資金のことで、その企業の資産（事業）の持ち主が誰かということを表している。

企業には通常、銀行と株主という２種類のスポンサーがいる。これらからどのようなバランスでお金を調達しているかが問題である。金利は必要以上に高くないか？　事業が安定しているにもかかわらずコストが高い株主資本が多いのではないか？　という面を見ていくのである。

このような視点４つのでバランスシートを見ていくことで、より企業の実態に迫ることができるのである。

case study

3

創通

◉分析する企業

創通

コンテンツ産業／3711（JASDAQ）

◉企業を見る視点

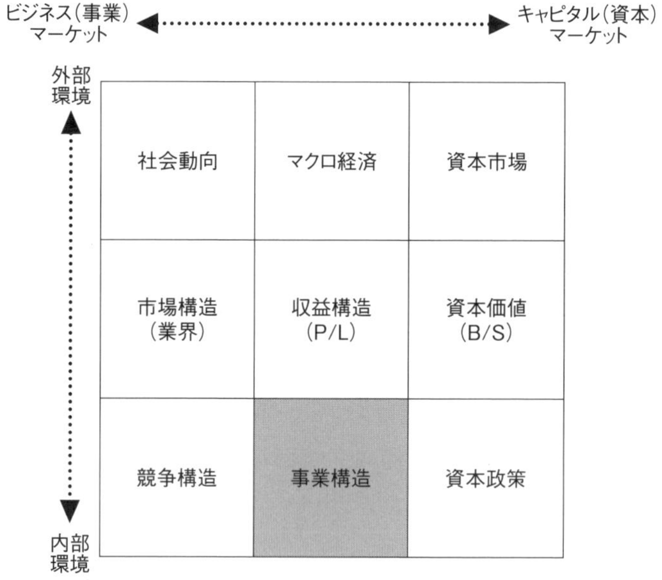

アニメをはじめとした日本のコンテンツ産業は、世界的に見てもレベルの高さで有名だが、ビジネスとしては欧米に比べると未成熟だ。高い企画力にかかわらず市場での評価が低い創通の企業価値が10倍になるロジックを、事業構造（ビジネスシステム）というフレームワークを用いて考える。

企業概要

➲「ガンダム」が収益の要

創通は、ガンダムやアンパンマンなどキャラクターの版権を有することで有名なJASDAQ上場企業である。アニメ番組を企画・制作するメディア事業と、アニメの版権を扱うライツ（版権）事業が主要な事業だが、プロ野球球団の版権契約代行などを行なうスポーツ事業もある。

縦軸に製品の領域、横軸に業務の流れをとると創通の各事業分野は図１のように整理される。各事業の収益と利益の関係を見ると、売上高の75％をメディア事業が占める一方、利益の75％をライツ事業が占めている（次ページ図２）。また有価証券報告書を深く読み込むと、ライツ事業の中でも「ガンダム」の版権の利益寄与が高いことがわかる。

図１ 創通の業務と製品領域

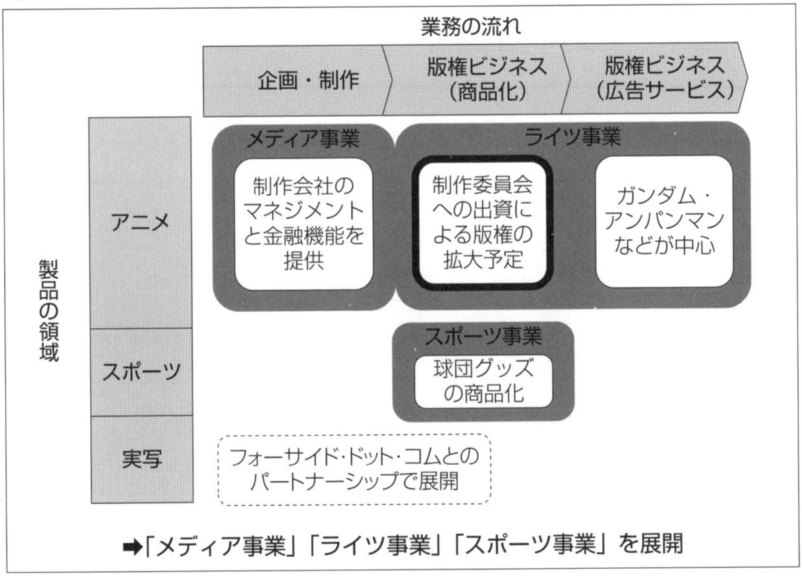

図2 創通の事業分野別の収益構造（2007年８月時点）

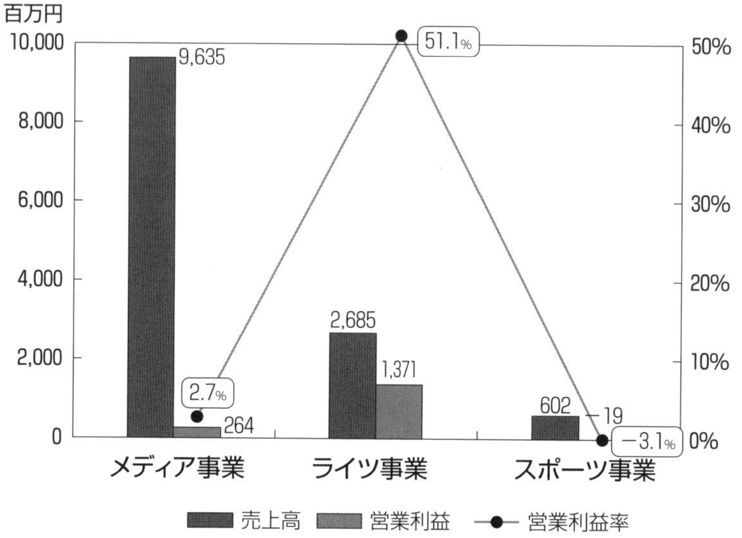

➡メディア事業は、売上規模は大きいが収益性は低い。版権を扱うライツ事業は、規模は小さいが収益性が高い

市場の視点から

アニメ産業の市場は拡大傾向

そのアニメ産業の市場だが、メディア開発綜研調べによると2006年の日本国内のアニメーションの市場規模は約2,400億円で長期的には拡大傾向にある（図３）。だが国内のアニメーション制作現場では、すでに１年先までスケジュールがいっぱいになっているなど需要が逼迫していて、これ以上の生産ができないという状況も報告されており、今後の課題の１つである。

図3 アニメーション市場規模の推移〈1990 - 2007年〉

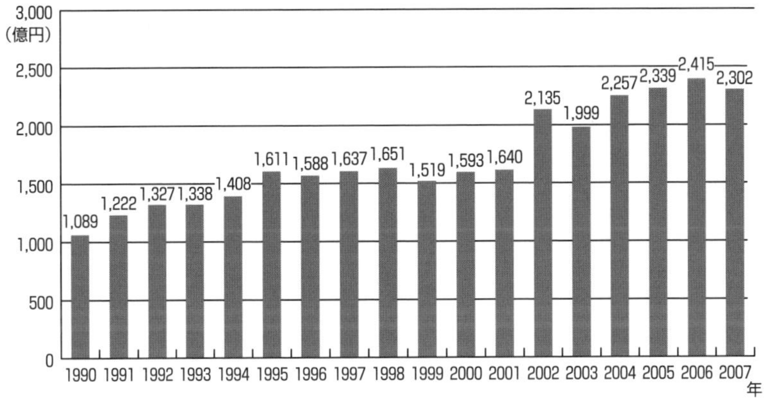

(出所：メディア開発綜研)

➡アニメ業界は、長期的には伸びているが……

また、アニメ産業はきわめて労働集約的な産業として有名であるが、それは産業としての収益性の低さによるものである。

そこで、まずはアニメ制作の収益構造の問題について考えたい。

■財務分析の視点から

➡利益が伸びてもキャッシュが生まれないのはなぜか?

通常の事業では、売上とともに利益が伸び、キャッシュが生み出され、そのキャッシュを再投資することで事業が拡大する。ところが、アニメ産業では、利益の伸びに対してキャッシュが増えていかない。なぜならばアニメ制作では、投資から回収までのスパン（期間）が著しく長く、そのため必要な運転資金が大きくなるからである。その期間、小規模な制作会社へは、人件費などの運転資金を供給しなければならない。そのため、事業の売上の増加に応じて大きな運転資金が必要になり、キャッシュフローが圧迫されるのである。つまり事業を拡大すればするほど、多額の運転資金が必要となるモデルなのだ。

利益は生まれるがキャッシュが生まれないとはどういうことか。そしてそれは何が問題なのか。ここで、キャッシュと利益の違いについて簡単に述べておきたい（詳しくはcase study 6 JR東日本を参照のこと）。

よく勘違いしがちであるが、企業は利益が伸びていればいいのか、というとそういうわけにはいかない。利益だけ見ていると企業の実態を見誤る可能性がある。いくら利益が伸びていてもそれは過剰な資産を投下しているだけの可能性もある。過剰な資産を投資すると、当然、資本の生産性は下がるわけで、これはよいこととはいえない。

つまり企業にとって大事なのは、利益と資産のバランスであり、**少ない資産でたくさん利益を出している企業が、結果としてたくさんのキャッシュを稼ぐ**ことになるのだ（図4）。したがって、売上の伸びに応じ

図4 資産と利益のバランスが重要

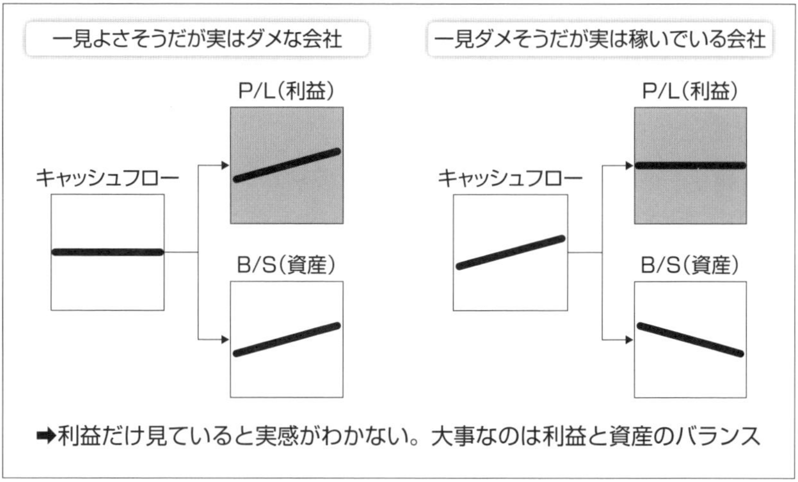

て設備投資や運転資金が必要になるような業界は、キャッシュフロー創出の観点からは要注意ということになる。

このアニメ産業の事業特性は、創通のバランスシートからも確認されることになる。図5にあげたように、バランスシートの資産を見ると多額の現金（55億円）を留保しており、「現預金／資産比率」は44％にも上る。当然、このすべてが運転資金ということにはならないと考えられるが、一定部分は制作投資に必要となる部分であり、それは資本効率を悪化させる問題となるのである。

また創通の場合、その他にも資産効率を悪化させる要因がありそうだ。それは有価証券の保有である。バランスシートを見ると、創通は、約36億円の投資有価証券を保有していることがわかるが、これらの多くは事業用ではなく、投資信託など財産的価値のあるものである。このような財産要素の強い資産を企業内部に持つのは、その資産の所有者である株

図5 創通のバランスシート

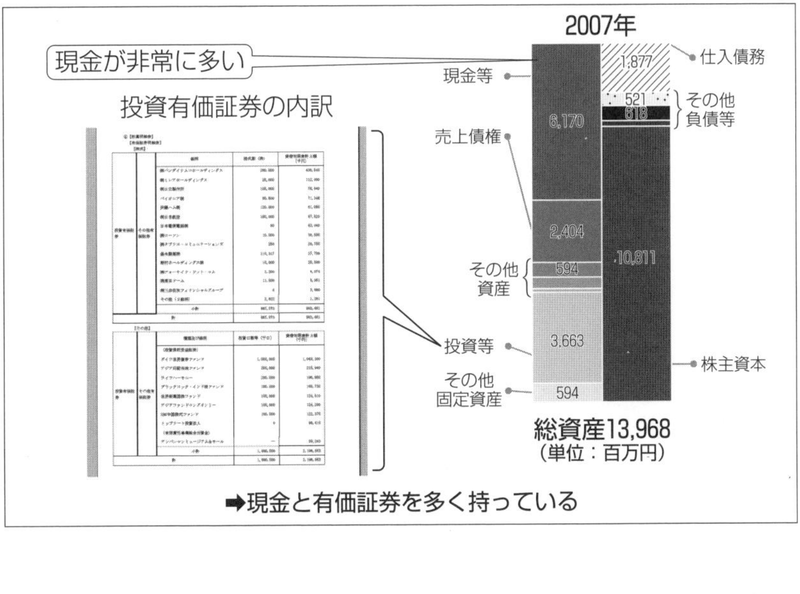

主にとっては歓迎すべき話ではない。事業に必要のない資産はできるだけ投資家に還元してもらいたいと思うのが通常であるからだ。

■事業構造の視点から

➡バックキャスティングによる「10倍株」分析

以上、創通の財務面からの課題を見てきたが、もう少し詳しく創通の事業構造（ビジネスシステム）について考えたい。そのための1つのアイデアとして、創通の企業価値（株価）が10倍となるようなストーリーを組み立ててみて、その実現可能性について言及しよう。

このように、「もし10倍になるとすれば？」といった仮定を置き、その実現可能性を検討する分析方法は「バックキャスティング」と呼び、投資戦略の立て方の1つである。

通常、アナリストは、現状のビジネスの状態をベースに積み上げ型で将来を予測する。これを「フォーキャスティング」という。だが、バックキャスティングの場合は、まず仮定としての将来を定義し、そこに至るルートとストーリーを考えてしまう。そのうえで、ストーリーの実現性を論理的に検証するのだ。十分な可能性があるのであれば、投資の勝率も高まるといえる。

フォーキャスティングは、事業構造に変化が期待されない場合、将来を洞察するに十分な情報を持ち得ない時にとる分析手法だ。一方でバックキャスティングは、大きな変化が期待される時に有効な方法である。

• 10倍株（テンバガー）になるロジック

では、さっそくバックキャストの手法で創通について考えてみよう。まずは、10倍株のロジックである（ちなみに10倍株は「テンバガー」と呼ばれる）。株価が10倍になるには、実質的な企業価値を高めることは

図6 創通が10倍株になるロジック

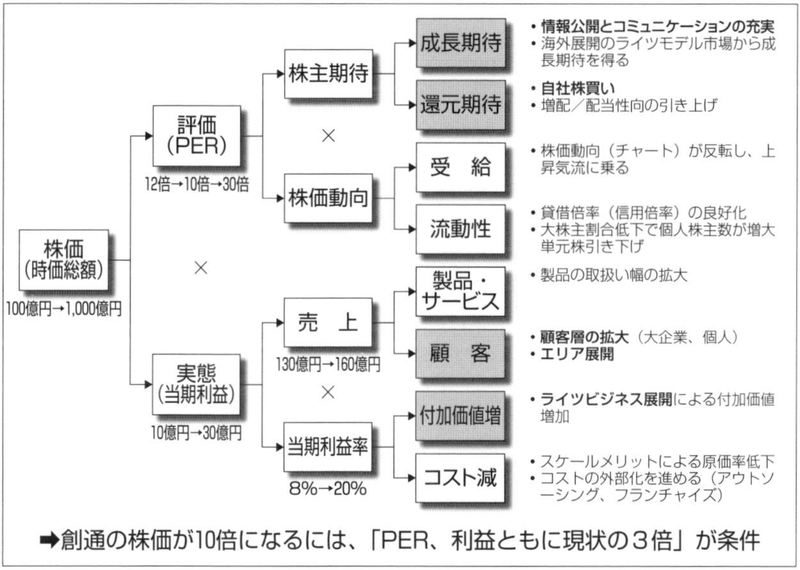

もちろんだが、市場での評価も同時に高まらなければならない。そこで時価総額を、市場評価を表すPERと実態価値を表す利益に分解し、それぞれを約３倍ずつ拡大するための施策を考えてみよう。両者が3.3倍ずつになれば、株価は約10倍になるという計算だ。

・自社株買いとIRで市場評価を３倍に

先に市場評価について考えてみよう。2007年８月時点の創通のPERは12倍程度だが、すでに見てきたように資産には余剰部分も多い。よって余剰資本の30億円と、取引先の株を売って現金に換えた合計50億円の自社株買いを実施する。すると時価総額およびPERはいったん10倍程まで下がるが、会社見解として現在の株価は安いと認識していることを世間にアピールできる。

次に、メディアへの露出を増やすとともに、投資家への情報公開とコミュニケーションを充実させる。株主優待は非売品のガンダムのプレミアム製品を提供する。さらにアナリスト説明会を年４回実施する。これで、PERを30倍へ上げるのである。

このような資本市場に対するコミュニケーション戦略によって市場評価を適正水準まで高めたら、落ち着いて実態価値の向上に取り組むことができるだろう。

・マーケットの拡大、権利ビジネスへの移行で実態価値を３倍に

実態価値を表す利益は、売上と利益率に分解されるので、双方を上げる手立てを考える。

まずは売上の増加可能性を、顧客層と地域を軸にとって考える。創通

図7 事業展開の広がりを考える

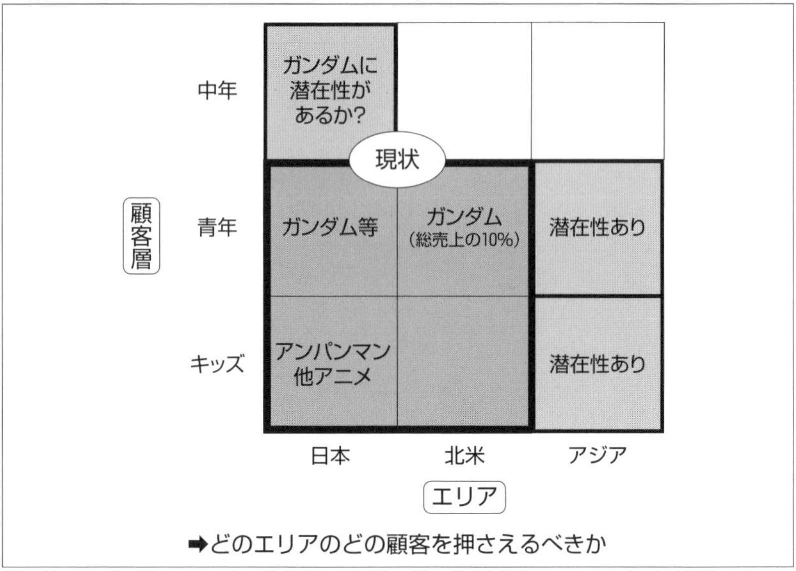

の主な顧客は、日本のキッズから青年、それから北米である。しかし、今後、より年配層への訴求や、北米やアジアを含む地域へのコンテンツ展開の可能性もありそうだ（図７）。ガンダムシリーズ（旧作品を含む）を横に展開し、１億セットを売ったという“ガンプラ”ブームを中国を中心としたアジア諸国で大々的に再燃させることで、売上を30億円増加させることは不可能だろうか。

次に、利益率を上げるためには利益構造の改善が必要である。創通がこれからフリー・キャッシュフローを増大させていくためには、支払サイトが長いメディア事業だけではなく、エリア展開が可能で、運転資金や追加生産コストがかからず、キャッシュフロー総出力の大きなライツ事業を積極的に伸ばす必要があることは明らかだ。つまり、従来のコンテンツビジネスから権利ビジネスへの経営資源の移行によって利益率を

図８ アニメ業界の時価総額比較（2008年１月時点）

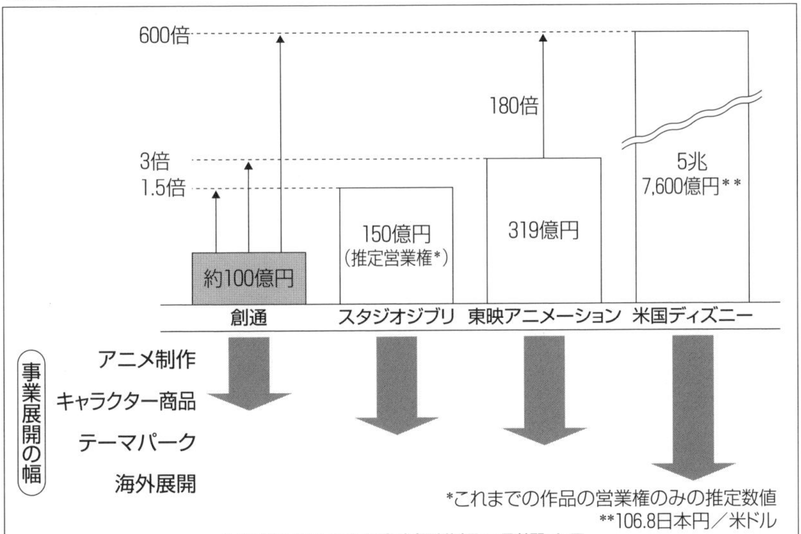

改善させることが必要である。

権利ビジネスによる価値創造のためには、１つのキャラクターや作品を固有の世界観を構築するまでに育て上げ、かつ継続的・厳格なライツ管理によってその利益が損なわれないようにしなければならない。販売する製品もアニメだけでなく、ノベルティ市場、そしてテーマパークなどの「場」の提供まで幅広く取り扱う。

ここまでして初めて、苦労して作り上げたアニメの価値をお金に変えられる可能性が出てくるのである。

日本のアニメは世界的にもきわめて評価が高いが、このような無形のライツを管理し、その価値を最大化する手法に長けていない。創通もそうだが、同業で「攻殻機動隊」シリーズに代表される高い技術を世界的に認知されているプロダクションIG社の時価総額にしても、時価総額は約40億円と小さい。一方で、欧米の企業を見ると、きわめて厳格にライツを管理するディズニーなどは継続的に大きなキャッシュフローを生み出す体制を構築している。同社はすでに総合企業と化しているものの時価総額は６兆円を超えるほどの大きさだ（前ページ図８）。

創通のガンダムも、アニメからスタートし、ガンプラを中心とするキャラクター商品のヒット、果てはガンダムテーマパーク（レジャー施設の一部など）という形で発展してきている。今後は、この軸を海外など他地域に大々的に展開していくことが肝要だろう。

このような施策を打つための体制として、内部体制の見直しも必要だ。まずは社員に対して成果主義を浸透させるとともに、新しい版権の獲得・タレントの発掘に対する報酬額を上げる必要があろう。

また、３人のライツ事業部の体制（2007年８月時点）を拡充し、マーケティングのプロ、アニメーションのプロ、戦略家、オペレーション革新のプロを採用し、事業モデルから版権ビジネスへの転換を図る。タレント（作家）にも積極的に投資し、その権利を守るための知的財産のプロ集団と弁護士を採用する必要がある。そして、海外への輸出も積極化しなければならない。同時に税務戦略の実施や、海外法人を介したタックスマネジメントも検討するべきであろう。

以上の施策を実現させることで、PER30倍×利益30億円で、時価総額を100億円から10倍の1,000億円へと押し上げることができるか検討してみるのはどうだろう。

■経営陣の視点から

➡同族経営的な布陣で改革は可能か?

だが、実際に創通が上記のような施策を打てるかというと難しいかもしれない。それは現在の経営陣の構成や資本構成を考えてみればわかる。

創通の株主構成は、会長の那須氏が37.5%、筆頭2位のナスコ㈱が17.3%と大きな割合を占めており、同族経営的側面は否めない。したがって、現経営体制が大きく変化することは考えづらいのである。そうなると上記のような抜本的な改革案によって従来のコンテンツビジネスを権利ビジネスへと転換させるのは簡単ではない。

創通の将来は、現経営体制の変化と新戦略への転換にかかっているといえよう。

■まとめ

日本のアニメ業界は今後、大きく変化していくことが想定される。現状は、そのコンテンツの世界的なレベルの高さに対し、ビジネスとしてのアニメ産業がとても未成熟だからだ。知的財産権に関する知識の普及とともに、日本のアニメ産業は大転換を迎えるだろう。

本章では、権利ビジネスとして創通を取り上げ、そのモデルの可能性について考察を加えた。同時に、テンバガー（10倍株）銘柄となるためのポイントについて整理し、その可能性を検討した。株価を市場価値（PER）と実態価値（利益）に分け、それぞれの要素をさらに分解させて打ち手を考える方法は有効である。低評価株は、なんらかのトリガーがなければ株価上昇を期待することは難しいが、投資家から企業に働きかけ、株の評価を上げるような努力をしてみることも必要な時代が来ているといえよう。

COLUMN

ビジネスシステムを考えよう

創通をはじめとする日本のアニメ産業が発展するためには、ライツ（版権）事業を伸ばしていくことが大切だと説いた。この発想は、より本質的には、企業が持っているビジネスの流れを「伸張する」という考えがもとにある。このビジネスの流れのことを「ビジネスシステム」という。

ビジネスシステムとは事業を機能別に分解し、競合との差別化策などを考えやすくするフレームワークである。ある事業に関連する機能をモレなく細分化することで、問題点が発見しやすくなる（図9）。

競合との差別化を図る際のアプローチとしては、ビジネスシステム全体を通して再構築するか、ビジネスシステムの一部に働きかけて強化するかの２つのアプローチが考えられる。

ビジネスシステムは、その事業内容がよくわかっていなければ把

図9 いろいろな業界におけるビジネスシステム

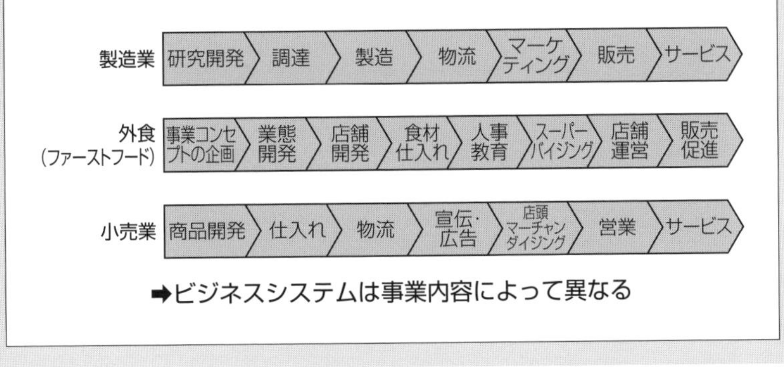

握することは困難であるが、おおよその類推をすることはできる。基本的に企業とは、何かを開発し、それを生産し、販売する、という一連の流れを持っている。つまり、創って、作って、売る、という流れである。

だからこのような一般的な流れを、より事業の状況に即した形で描き直せばよいのである。たとえば製造業であれば、研究開発を行ない、その後に原材料の調達、製造、物流、マーケティング、販売、サービスという流れが一般的である。また、外食産業であれば、事業コンセプトの企画、業態の開発、店舗開発、食材仕入れ、人事教育、スーパーバイジング、店舗運営、販売促進という流れであろう。

これらのシステムを描いてみたら、それぞれの機能面でその企業はどのような状況であるかを把握してみるとよい。同じような事業を展開していても、企業によって強みのありかが異なることがわかってくるだろう。

M＆Aの現場で、Day 1（プロジェクトのスタート時）にやることは、まずこのビジネスシステムを描くことである。そうすることで、今から分析しようとする企業の状態を全体的に把握することができるからだ。

ビジネスシステムは、コンサルタントや個人投資家にとっても基本的で応用の利くフレームワークなので、ぜひ、いろいろな企業で試してみてほしい。

case study

4

ビックカメラ

◉分析する企業

ビックカメラ

小売業／3048（東1）

◉企業を見る視点

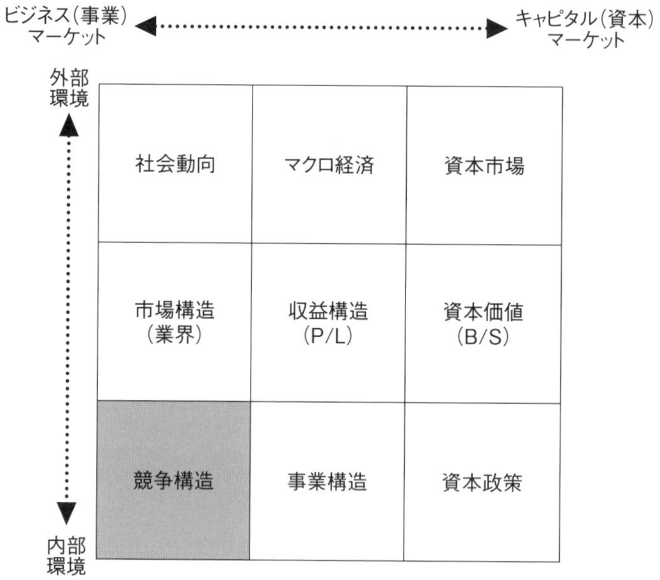

純粋な小売業は商品による差別化が難しく、価格競争に陥りやすい。価格を下げるためには規模の拡大に走り、仕入側との交渉力を高める必要があるからだ。しかし家電業界における規模の面での競争は、終局を迎えつつある。そのような状況の中、ビックカメラはどのような新たな強みを見いだすのか？　小売りという業態を超えた、独自の考察を行なう。

会社概要

ゆるい連合で業界1位を追走中

ビックカメラは、1980年に設立されたカメラ専門店からスタートした家電量販店である。現在は、カメラ、家電のみならず、パソコン、酒類、ゴルフクラブ、寝具、ブランド品、自転車、ホビー、玩具などまで販売している。

「都市型」「駅前」「大型」を店舗コンセプトに、2008年９月現在、全国に27店舗を構え、売上規模は5,000億円に迫る勢いだ。日本経済新聞社の『活気ある会社ランキング』において2002年から2007年まで「６年連続No.1」を獲得していることからもわかるように、その販売手法には特色がある。

上場は2006年８月、上場による調達資金は新店出店のための設備投資と借入金の返済に充てたようである。現在はエディオン、ベスト電器との提携・資本関係を強化し、業界第１位のヤマダ電機を追いかける構図となっている。

市場の視点から

M&Aが続く家電量販店業界

ビックカメラの属する家電量販店業界は、Ｍ＆Ａ（吸収・合併）が続いている。エイデンとデオデオの統合（現エディオン）、さらにはエディオンのサンキュー、石丸電気、ミドリ電化への出資、ベスト電器のさくらやへの出資、真電、ノジマの合併、2007年９月にはヤマダ電機のキムラヤ株取得など、まさにＭ＆Ａラッシュである（次ページ図１）。

現在でも、ベスト電器をめぐって業界の雄、ヤマダ電機とビックカメラが資本比率引き上げ競争を行なっている。

図1 家電量販店の再編地図

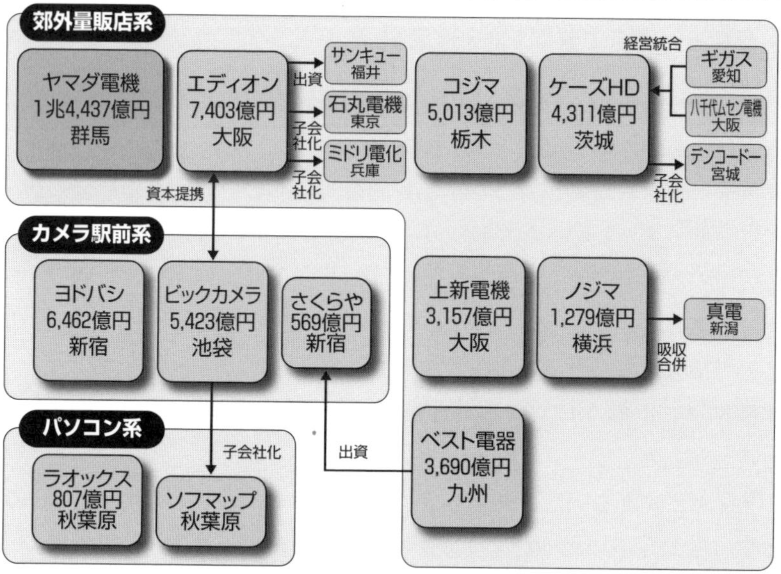

（出所：東京新聞）

➡業界はまさにM＆Aラッシュ

競合構造の視点から

➲小売業の成功要因は「規模」と「範囲」

• 「規模の経済」と「範囲の経済」が勝負を決める

なぜこのような合併合戦が盛んなのか。それは小売業の競争の本質が、まずは「スケール（規模・範囲）の追求」にあるからだ。

小売業とは、商品を製造せず個人消費者のために商品の販売に特化する業種である。そのため独自の商品を販売することが難しく、商品での差別化ができず、結果として価格競争に陥りがちである。

もちろん、利便性を追求することで価格競争にならないコンビニエンスストアや、ヴィレッジヴァンガードのように特色ある商品構成で価値を出している小売業も存在する（ヴィレッジヴァンガードは書籍・雑貨などを扱い、各店舗が自由に仕入れをしきることで有名）。

だが、一般的には規模を追求することで仕入交渉力をつけ、調達コストを下げ、一方でチェーンストア化することにより本体の固定費負担を下げるのが定石である。これを「規模の経済」という。特に社会が、一定の需要が満たされる成熟期に入ると、スケール獲得競争は熾烈を極め、急激なスピードで淘汰が行なわれる。

さらに家電小売業界には「40％ルール」という、資本を40％以上持つことで共同仕入れができる仕組みがあるため、まさに大が小を飲み込む吸収合併が連発されることになる。

では、この熾烈な吸収合併競争における勝者は誰だろうか？　現在の状況を見るかぎり、どうやら勝者はヤマダ電機といえそうだ（次ページ図２）。ただ、その業界トップのヤマダ電機でさえ、さらなる規模の追求（売上高２兆円の達成）を目指してM＆Aを指向している。

そこで今回は、このヤマダ電機と、ベスト電器の吸収をめぐって戦いを繰り広げているビックカメラの視点に立って巻き返しの戦略を考えてみたい。

ビックカメラは、駅前に大型店舗を多数保有し、カメラ、家電のみならず、パソコン、酒類、ゴルフクラブ、寝具、ブランド品、自転車、ホビー玩具などまで取扱商品を増やしている。このようなラインナップの充実によって顧客の利便性を高めるメリットを「範囲の経済」（個々の製品を単独で販売するより１か所で提供したほうが価値が高い状態）というが、この面では優れているということだ。しかし、一方の規模の経済については、ヤマダの後塵を拝する状況だ。

図2 各社の売上高比較

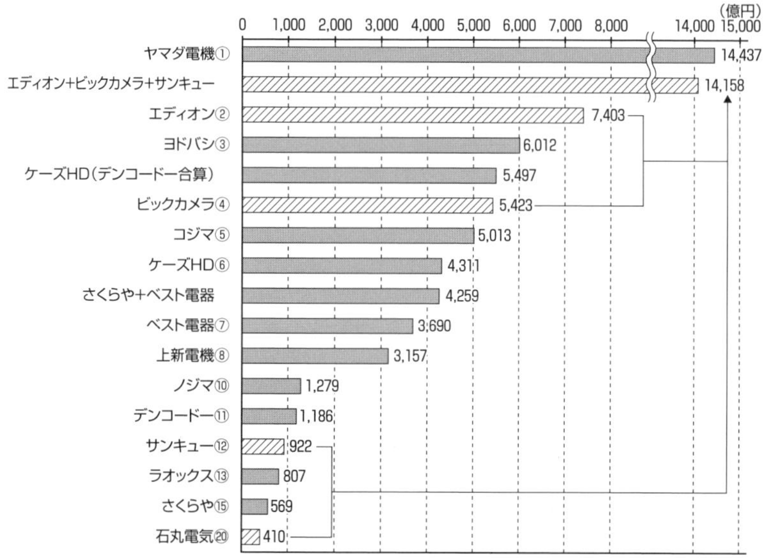

※原則2007年３月期連結（出所：東京新聞）

➡ヤマダ電機を各社が追う展開

・ビックカメラは負けたのか？

この状況は、財務の数値からも裏付けられる（図３）。ビックカメラとヤマダ電機を比較すると、経営効率（ROIC：189ページを参照）が低いことがわかる。都市部集中などによる効率化で、固定資産回転率や棚卸資産回転率は高いものの、売上・営業利益率ではヤマダ電機に劣っている。

また、両社のバランスシートを比較すると、ヤマダ電機は自己資本比率が50%を超えるのに対し、ビックカメラは26%をやっと超える程度で安定感に欠ける。

図3 ビックカメラとヤマダ電機を経営効率で比較（2007年度）

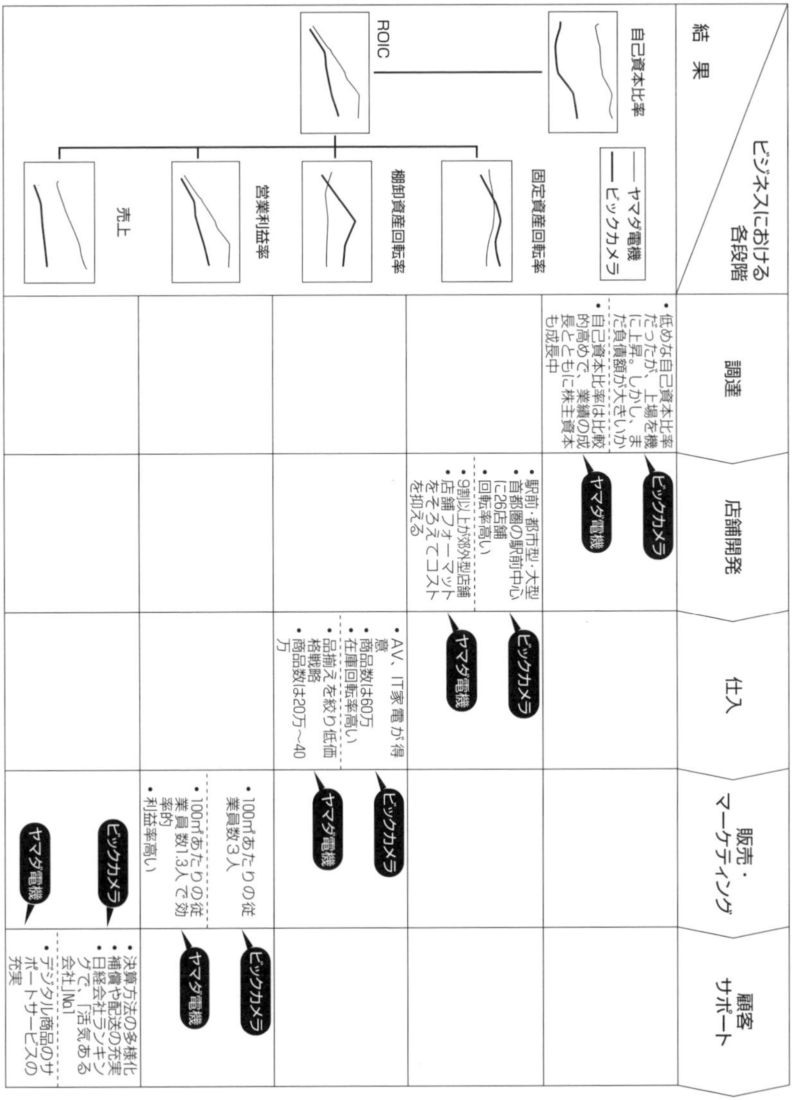

➡ビックカメラはヤマダ電機と比べて経営効率が高いとはいえない

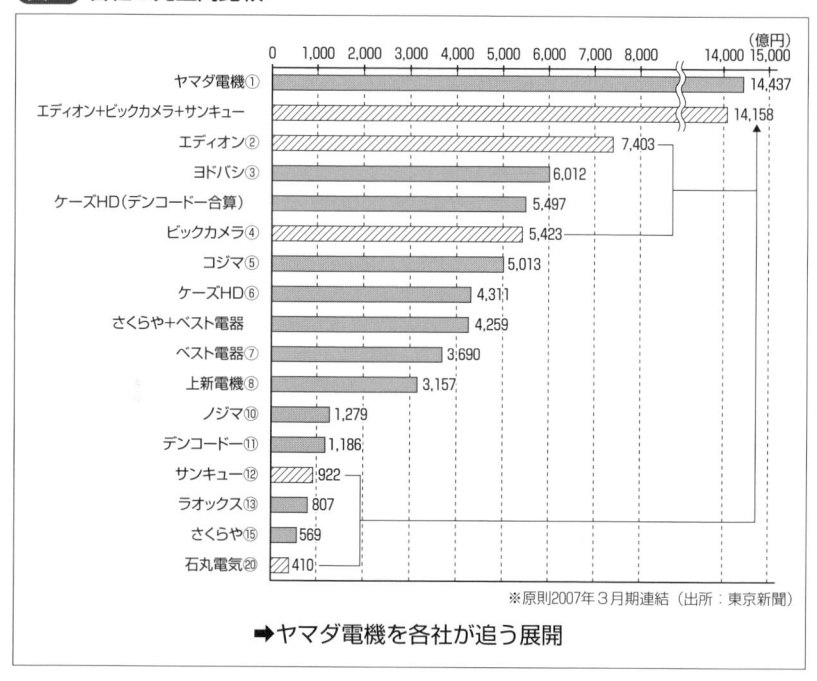

■ビックカメラの巻き返しの一手は？

➡土俵をひっくり返す業態転換が必要

・「駅近」の強みを生かす

では、ビックカメラが巻き返し、新たなステップに向かう方法はないのだろうか。ここからは小売業の発展ステップを考え、ビックカメラの行くべき道を考える。

小売業の発展の初期段階では、まず、新しいコンセプトを打ち出し、最初の数店舗を成功に導く必要がある。ビックカメラの場合、「駅前」「大型」というコンセプトが成功し、一気に拡大してきた。次に追求するのが、先に述べた効率性である。具体的には規模の経済と範囲の経済によってスケールメリットを追求し、利益幅を拡大する。だが、ある時点に達すると効率化も限界を迎える。

そこでとるべき戦略は、逆説的になるが単なる小売業からの脱却、つまり業態の転換である。これにも方向が2つあり、1つは製造方向へ舵をとり、製造小売（SPA）を目指すことである。この成功例がユニクロである。店舗というマーケティング顧客接点を持ちながら、自らメーカーとして衣服の製造を行なうことで高いマージン（営業利益率14%）を達成してきた。だがビックカメラが、家電製品を自社ブランドで製造することはその製品の性質上、きわめて困難だ。したがってとるべき方向は、もう1つの案、「他業種との戦略的提携」にある。

家電専門小売という業態において、スケール競争の勝負はついた感がある。したがって、巨大小売の専売特許である安値競争を単純に続けても勝つのは難しい。サービスの質を上げるという線も考えられるが、競合も同様のことを行なうだろうから、これも差別化にはなりづらい。そこで、他業種との包括的提携によって、競争の土俵をひっくり返すのである。その相手は誰かというと、「JR東日本」であろう。

そもそもビックカメラの強みは、「駅近」という立地である。郊外に多くの店舗を構えるヤマダ電機と異なり、ターミナル駅を中心に、常に駅のすぐそばにあることがビックカメラの最大の強みである。この点を考慮すれば、最良の戦略は、駅そのものを運営するJRとの提携である。現在JR東日本は、飽和した運輸事業の補完として「駅ナカ」ビジネスを積極的に進めているが、この方針に乗って、JRの持つ圧倒的な顧客トラフィックを活用させてもらうのである。

・JR東日本との提携の意味は「企業通貨」に

そしてこの提携のキーワードの1つは、「企業通貨」にある。現在、非接触型の電子マネーの普及が盛んになり、JR東日本の「Suica」、私鉄連合の「PASMO」、セブン＆アイの「nanaco」、イオンの「waon」、ビットワレットの「Edy」などの各陣営が、ポイントという名の「企業通貨」を企業間で乗り入れし、業種を超えた新たな経済圏を作りつつある。なかでもSuicaの企業通貨としての汎用性が著しく高まっていることに着目し、Suicaの利用者を同じ駅周辺に店舗展開するビックカメラに誘導する戦略を構築するのである。

両者はすでに、「ビックカメラSuicaカード」という形でポイントの相互提携を行なっている。これは、ビックカメラ店舗で付与されたビックポイントを千円単位でSuicaに移行（チャージ）できるカードだ。逆に、JR東日本の「ビューサンクスポイント」をビックカメラのポイントにも変えることができる。

今後さらに両者の結びつきを密接にするためには、ポイントの乗り入れを強化する必要がある。たとえば現在は、換算率の関係上、ビックカメラで貯めたポイントをSuicaにチャージするほうがお得なため、ビックカメラの買い物客がSuicaに流れていくことが多い。

そこで、両者の合意のもと、この換算率を改善し、「ビックカメラ

Suicaカード」を使って貯めたポイントを、Suicaにチャージするよりもビックで使うほうが有利になるように一時的に変更する。駅に隣接したビックカメラで、Suicaで貯めたポイントを使って家電を買うビジネスパーソンが増えるという集客効果を考慮すれば、ポイント換算率を引き上げた場合のコストを十分に補えると仮定できる。

さらに一歩進んで、「ビックカメラSuicaカード」を持っていなくても、他のSuica（またはviewカード）さえあれば、ビックカメラでポイントが貯まるような仕組みを作ってもいい。そうなると利便性の観点からも、顧客はビックで買い物をする可能性が高まるのではないだろうか。

ヤマダ電機でもポイントを発行しているが、こちらは自社でのポイント還元が中心で、業種間の連携を視野に入れた「企業通貨」戦略では、ビックカメラのほうが一歩進んでいる状況である。したがって、もしビックカメラが、家電販売小売店という土俵での戦いをやめ、企業通貨を軸とした業種連携という新たな戦略軸を打ち出せば、仕入・販売の交渉力において逆転も可能かもしれない。

• 創業者が７割以上の株を握る

では、そのような包括的な提携路線を、JR東日本は飲むだろうか？今のままでは難しいだろうが、方法がないわけではない。そのために一番よい方法は、少々乱暴ではあるが、ビックカメラの株そのものをJR東日本に売却することである。

現在、ビックカメラの株式は、創業会長の新井隆二氏が72%を保有しており、残り株式をすべて足しても拒否権に値する33%に達しない（図４)。このような支配権の集中は、上場企業として必ずしも好ましい状態ではないだろう。

もちろん、このような案は現実的には呑まれないだろうが、現在の押し迫った熾烈な競争環境を考慮すれば、価格・サービスといった戦術レ

図4 ビックカメラの大株主（2007年８月時点）

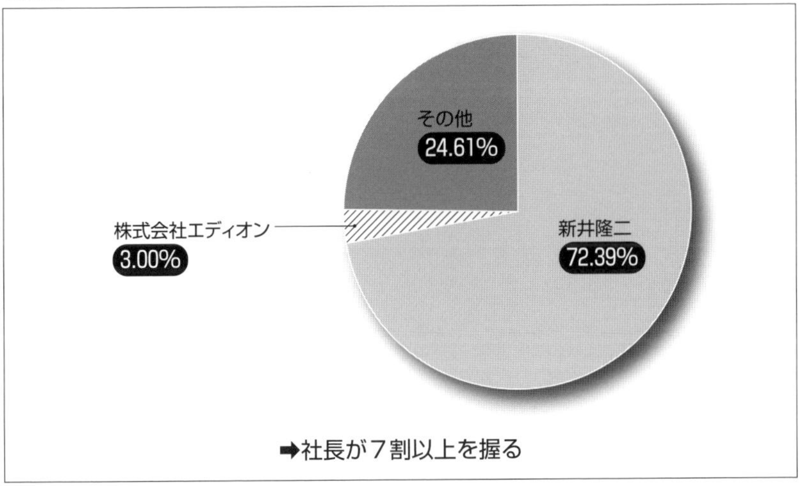

ベルの競争ではなく、包括的な提携によって競争の土俵をひっくり返すくらいの「戦略的転換」が必要なのではないだろうか。

■まとめ

かの有名な投資家ジョン・テンプルトン卿は、1970年代にセブン-イレブンに投資して高いリターンを達成したという。彼は、セブン-イレブンを小売業ではなく「不動産業」だと捉え、そして情報産業だと考えた。圧倒的な立地戦略とPOSデータの緻密な分析によって商品を絞り込むことにより同社が勝利を得ることを氏は確信したのである。

21世紀の小売業は、その顧客基盤をベースに業態展開をさらに進めていくだろう。メーカーになるのか、それとも金融をめざすのか。各社の方針はさまざまだが、単純な「小売業」として捉えていくと本質を見誤る。真の姿を洞察する目が必要になるだろう。

ビジネスシステムとROIC分析の関係

ビックカメラの財務分析では、企業の収益構造を分解したROICツリーが出てくる（79ページ参照）。ROICはReturn On Invested Capitalの略で投下資本利益率などといわれ、ROICツリーとは、企業の収益性を分解して表現したものだ。ROICの詳細は、189ページのコラム「率で考えること」を参照されたい。

さて、このROICツリーは、ビジネスシステムと関係するように分解されている。たとえば小売業のビジネスシステムには、最初は店舗開発、次に仕入といったように「その業種が企画されて、顧客に行き着くまでの流れ」が表されている。この「流れ」はROICとセットで考えることができる。

その例として、東進ハイスクールなどを運営する「ナガセ」（9733／JASDAQ）を例に紹介しよう。

まず、ナガセのビジネスシステムだが、図5のようになる。ナガセは規模拡大（M＆Aや校舎数増加、そしてフランチャイズ）に対して、非常に積極的な学習塾であることから、強靭な財務戦略を立てていると考えられる。財務戦略立案後、調達してきた資本を使って、校舎の取得や他塾の買収を行なう。また、各フランチャイズ塾のマネジメントも手がける。そして教材や優秀／有名講師を調達し、宣伝広告後に講義が行なわれるといった流れがあるのだ。

このようなビジネスシステムとROICツリーの関係を明確にすることにより、ナガセがどこに一番力点を置いて塾運営を行なっているかがわかってくる。

まず、最初のビジネスシステムである財務戦略は事業サイドの問

図5 ビジネスシステムとROIC分析の関係

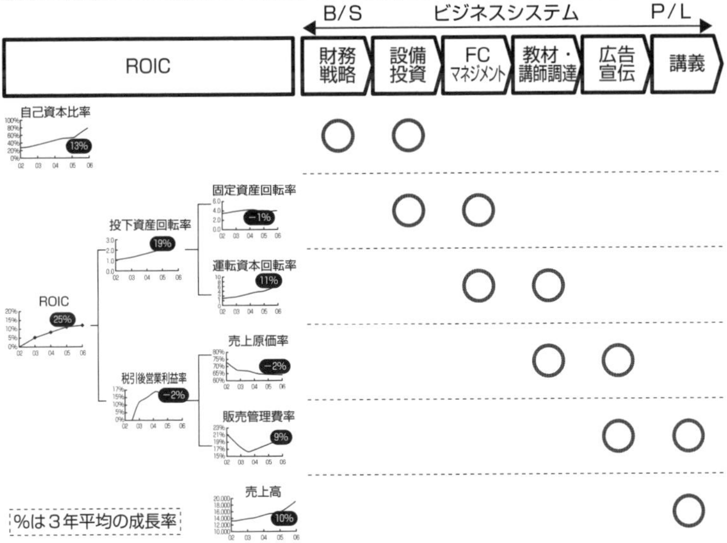

➡ビジネスシステムは、左側に行くほどB/Sとの関係が深く、回転率に影響を与える。右に行くほど、P/Lとの関係が強くなる

➡この企業（ナガセ：学習塾）の場合、FCマネジメントや教材・講師調達の効率化による運転資本回転率の向上と、売上増加がROICに影響を与えていることがわかる

題ではない。したがって、財務戦略とのリンク先は自己資本比率になる。たとえば、新しい校舎を建設したくとも、すでに借入に依存した経営をしていると、銀行からの追加調達は非常に難しい場合がある。そのため、財務戦略と自己資本比率の関係は密接に関わっているといえる。

次に、固定資産回転率である。これは設備投資とフランチャイズマネジメントに関係する。新校舎を建てる場所に顧客（生徒）の数が少ない場合、その投資は業績を悪化させる。また、優良なフランチャイジーが発見できない場合、自社で校舎を持つことになるため、固定資産の回転率は変わってくる。

フランチャイズマネジメントは、運転資本回転率（日数）とも関係がある。フランチャイジーからのロイヤリティが低く、授業料の支払が遅れてしまうと、本社が持たなくてはいけない現金の比率が上昇してしまい、思い切った投資を行なうことができなくなってしまったり、新規講師や教材の調達もままならなくなるためだ。

売上原価率と販売管理費比率は、現場のオペレーションや教科書の調達、スタッフや教師の人件費に関わってくる。たとえば、生徒を集めようと広告を打てば、販売管理費は上昇する。

そして、ビジネスシステムの最後となる講義。これが直接影響を及ぼすのは売上高だ。

このようにROICが企業のビジネスシステムと密接に結びついていることがわかれば、財務構造を読み解くだけで企業が抱える事業上の課題が明らかになるのである。

case study

5

GABA

◉分析する企業

GABA

サービス業／2133（マザーズ）

◉企業を見る視点

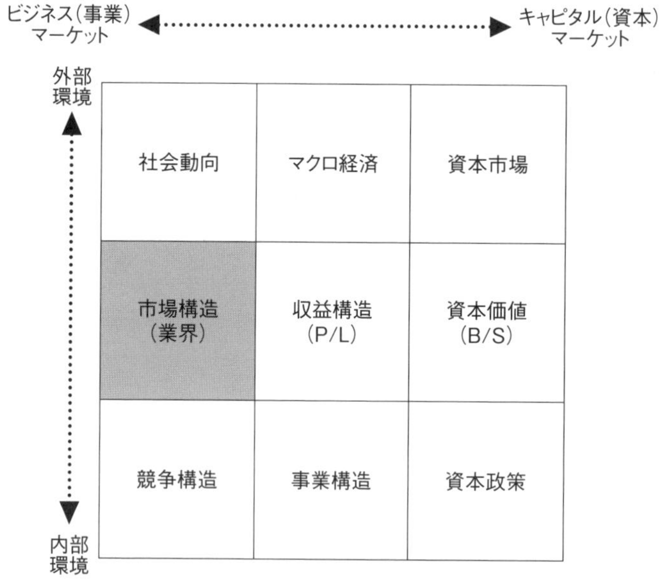

市場構造分析の例として、英会話スクールを展開するGABAを取り上げる。GABAと、経営破綻したNOVA（株式会社ノヴァ）との本質的な違いは、一体どこにあったのか。2社の違いを、事業面・財務面の比較を通して解説し、今後のGABAの発展の方向性について考察する。

■企業概要

➲英会話事業と教材販売で好評を得る

GABAは、マンツーマンレッスン専門の英会話スクールを運営している、比較的新しい企業だ。英語教育を改革し、国際舞台で活躍できる人材を育成するという方針を持つ、業界の風雲児的存在である。

GABAのキーワードは「マンツーマン」。落ち着いたカフェのような空間で、外国人講師1人に対し生徒1人の英会話教室を行なっている。1人ひとりに合ったカリキュラムを提供することで好評を得ている。

顧客層は、20～30代の社会人が多いが、最近は小学生向けのマンツーマン英会話教室を手がけ始めている。また、「時間割」といったようなものは存在せず、ウェブを通して時間や講師を予約することができる仕組みを持つ。

教室運営はすべて直営である。ラーニングスタジオ（LS）と呼ばれる教室は、首都圏に30校、関西（大阪市）5校、中部（名古屋市）2校の計37校（2008年9月時点）を展開しており、小学生向けの教室（ラーニングフィールド〈LF〉）は首都圏に1校展開している。ウェブサービスにも力を入れており、英語の「能力測定テスト」や「各種リーディング教材」「英語添削コース等」を顧客に販売提供している。

■財務分析の視点から

➲前受金の使い方をNOVAと比較する

・B/Sは前受金がポイント

教育ビジネスのKFS（Key Factor of Success＝事業の成功要因）の1つは、露骨な言い方をすれば、顧客のやる気が高いうちに授業料を前金で支払ってもらう（あるいは割賦販売する）仕組みにある。

たとえば英会話であれば、顧客単価はだいたい40万～80万円程度であろう。受講生はそれを一括で前払いし、授業ごとに購入してあったチケットを消化していくスタイルが一般的である。運営側はそのキャッシュを使って教室をつくり、講師を雇うというサイクルを確立することができ、そうなると運転資金に困らなくなる。

したがって、生徒数が順調に伸びているときには、きわめて資本効率が良いビジネスなのである。通信教育やエステティックサロンなども同じ仕組みである。この仕組みは、バランスシートに表れる。

着目すべき点はバランスシートの右側の項目にある「前受金」である。先ほど述べたように、GABAもNOVAも基本的には、まず生徒からお金を預かる仕組みである。これが前受金として流動負債に載っている（図1）。

問題はこの使い方だが、資産側を見ると、GABAは現金が多いのに対し、NOVAのほうは、これが債権や在庫、そして固定資産に化けている。つまり、生徒から預かったお金が商品に化けてしまっているということだ。そのため、生徒から授業料の返還請求をされても手元に現金がないから困ったわけだ。

さて、生徒が授業を受けると、この前受金が売上へと振り替えられるのが通常である。したがって、このような業務形態を取っている会社の「前受金」の増減は、業績の善し悪しの先行指標になる。GABAの前受金（生徒の入金）は2006年では約38億円、2007年時点では約43億円である。単純に考えれば前受金の増加は、営業良好と見受けることができる。

■複雑な資本構成

➲紆余曲折を経た上場で多数のファンドが株主に

バランスシートをもう少し詳しく見てみよう。純資産の部は株主資本

図1 異なる前受金の内訳

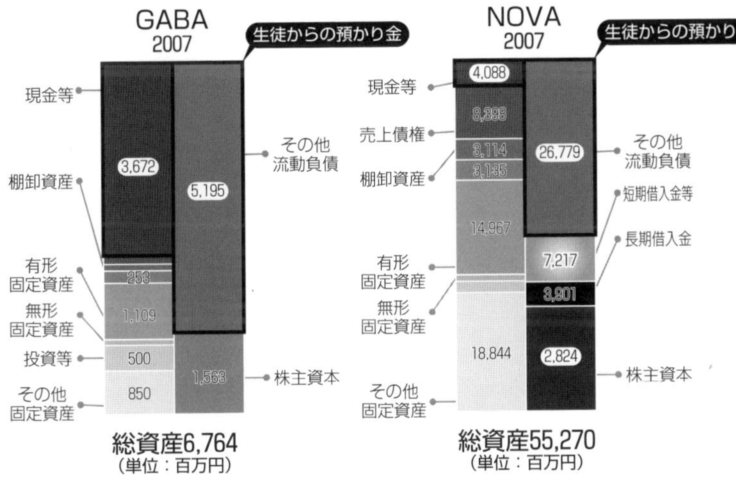

➡NOVAは前受金を別のものに換えていた

しかないように見えるが、実はたくさんのストックオプションを発行している。ストックオプションは、役員などに与えられる成果報酬型の株だが、その正体をひもとくにはGABAの創業経緯を見る必要がある。

元祖「ガバ」は、現在の事業と比較的似た事業（講師宅で外国語教授サービスを提供する「GABAランゲージスクール」事業）を行なっていたが、「株式会社なぜはらう」に買収されたあと、ファンドに再度買収されるという紆余曲折を経て、上場に至っている。このような経緯は日本では珍しい（次ページ図2）。

MBOファンドに買収された時点で、創業者の吉野氏は事業を完全売却し、キャピタルゲインを得ている。これは「（吉野氏が）事業をもっとうまく運営できる経営者を探していた」ということらしく、現社長でハーバード出身の青野氏に白羽の矢が立ったというわけだ。しかし、

図2 GABAの変遷

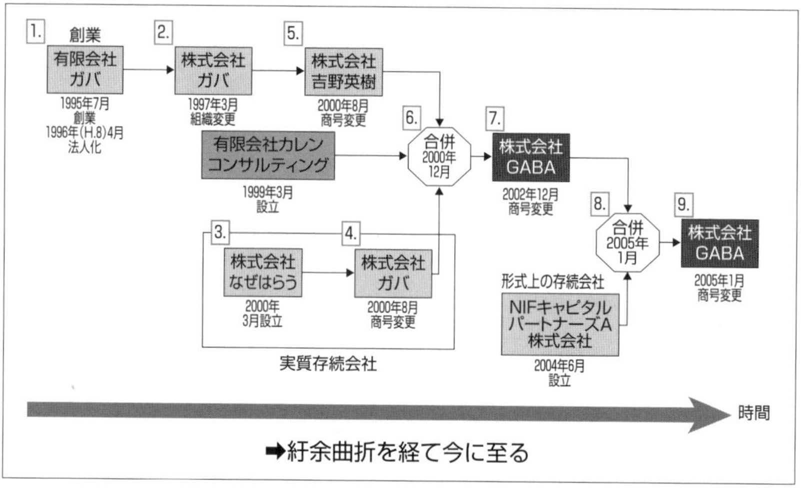

MBO時代にファンド向けに発行した優先株A（議決権無し）やストックオプションが7回分存在し、この会社の所有関係を複雑にしている。このような企業の価値を評価・投資する際には、事業価値だけでなくその分配構造にも目を配り、自分の取り分がどのくらいあるのかを分析しなければならない。その点は外資系のスターバックス（case study 1）とも似ている。

さらに大株主を見るとファンドが筆頭株主であることがわかる（図3）。個人投資家から見ると、ファンドの存在が不気味なのは否めない。全体の70%の株がロックアップ（株を売れない状態）を解除されたことにより、今後、この株式が一気に市場で売り出され、株価が下がる可能性がある。

図3 GABAの大株主の状況

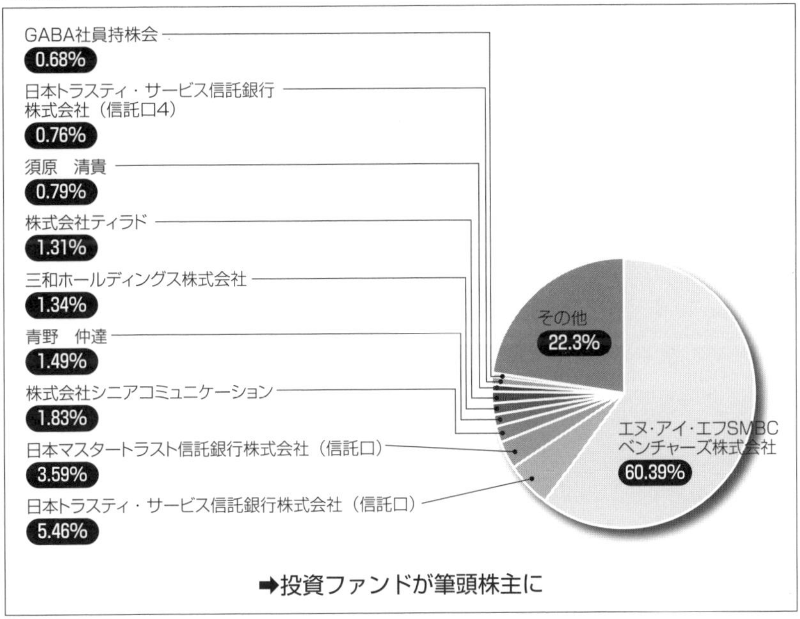

• キャッシュフローは安定期

だがGABAのキャッシュフローを見ると、安定的にプラスで推移しており、当面、市場での資金調達の必要性はないと考えられる。投資キャッシュフローは、2006年までは営業キャッシュフロー内であり、2007年には後述するとおり稼ぎが減っているが、今後このトレンドに回復できれば、借入や生徒からの預かり金で事業を拡大していける。キャッシュフローマトリクスが右方向に推移するのは、事業が安定的に拡大しているということだ。キャッシュフローマトリクスの詳しい見方は、次のコラム「キャッシュフロー～お金の流れでわかる企業の健康状態～」を参照してほしい。

一方、NOVAは、授業料返還請求訴訟の影響で破綻を迎えた。先述

図4 GABAとNOVAのキャッシュフローマトリクス

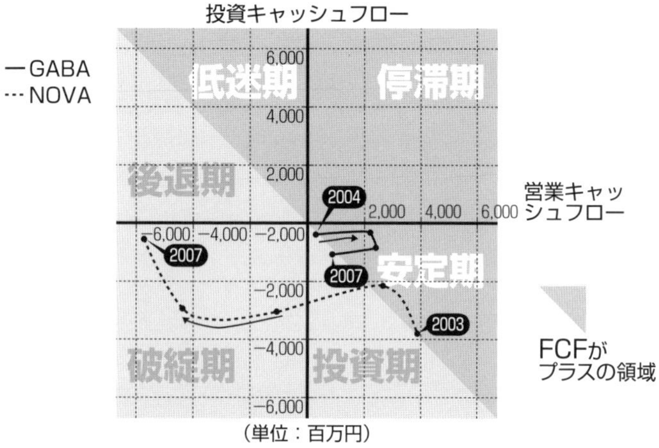

➡2004年～2006年の、GABAとNOVAのキャッシュフローは逆方向

の通り、英会話スクールは「前受キャッシュフローモデル」なので、生徒離れが起こり、授業料返還が相次ぐと、途端にキャッシュが枯渇し、打ち手が限定され、サービスの質が下がり、さらに生徒が離れていくという悪いサイクルに陥ってしまうのだ（図４）。

GABAの発展シナリオ

➲NOVAに引っぱられていた市場をどう維持・拡大するか

英会話市場の今後を見てみよう。矢野経済研究所「語学ビジネス市場に関する調査結果2007」によると、語学ビジネス市場規模はここ５年間で微減傾向（年率1.7％程度）である（図５）。また同書によると、スクール数は飽和状態に達し、各社ともスクールの統廃合や子供向けに重点をシフトしている状況である。

今後はどうなるのだろうか。NOVAの破綻を受けてGABAがさらに伸びるのではないかと予想する人が多いと思うが、実は逆である。実は両者は競合というより、補完的存在であったのだ。

カラクリはこうだ。NOVAは積極的にテレビ広告を打つことで有名だった。一方のGABAは電車の中吊り広告やウェブが主体になっている。まずNOVAのテレビ広告を見た人が、英会話を学ぼうという気になる。そしていろいろと英会話学校を調べるうちに、電車の中吊り広告やウェブサイトを見てGABAに通うという流れが、今まではあったのだ。つまりGABAは、これまでNOVAが喚起した需要の恩恵を受ける形で発展してきたのである。意図的ではないかもしれないが、結果的に良い意

図5 語学ビジネスの市場規模

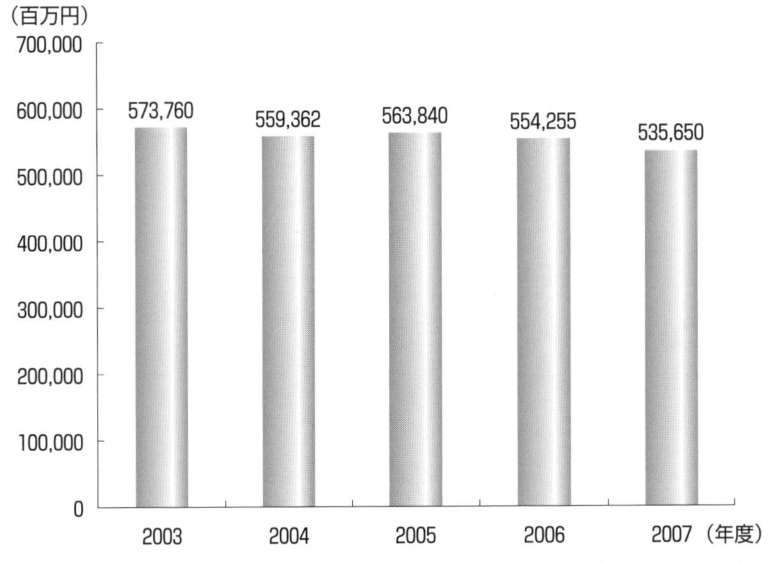

（出所：矢野経済研究所）

➡英会話市場は微減傾向

味で「コバンザメ商法」になっていたのである。したがって、2007年の不祥事でNOVAが広告を打たなくなるとGABAの生徒数も減ることになる。実際、GABAの2007年12月期の業績は予想を下回ることになると発表し、実際売上は伸びたが利益は減少した。もちろんこの原因はNOVAの件だけではないだろうが。

・発展シナリオを考えてみる

では、GABAの今後の発展可能性はどう見込めばいいのだろうか？

事業の発展の方向性を考えるには、任意の二軸をとってみるとわかりやすい。軸に使うのは、一般的には「顧客」や「エリア」、「製品」などが考えられる。今回は顧客軸と地域・チャネル軸で展開方法を考えてみるのがよいだろう（図６）。

今までGABAは、法人や都市部のビジネスパーソンをメインターゲットにしてきており、顧客層は20～30代の社会人が中心だ。教室は、首都圏に30校、関西に５校、中部に２校の計37校を展開し、現在の受講生数は約２万人である。これをどうやって増やしていくのか。

GABAのウェブサイトで公表しているのは、シニアや小学生への展開（Global Starブランド）、未開設地域への展開である。この他、インターネットによるe-ラーニングも視野に入れているようだが、これは今のところそれほど力を入れることはできないだろう。理由の１つは、受講生の通信インフラの問題、もう１つにはGABAの持つ既存の教室授業と競合してしまう可能性がある。また、顧客の感じているGABAの強みの１つは、落ち着いたカフェのような空間であるラーニングスペースでのレッスンにある。事業競争力の本質が、英会話に加え、「雰囲気」の販売だとすると、ネット展開はそぐわない。

したがって当面は、GABAは教室の拡充に注力していくと想定される。なおシニアや小学生への展開は、最初のスタジオを高級住宅街である成

図6 GABAの事業展開の方向性

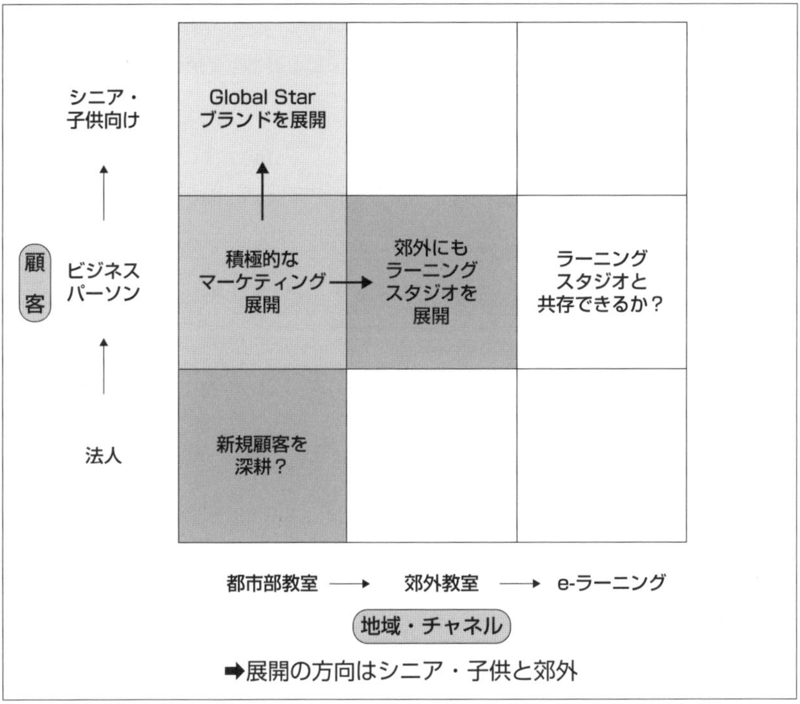

城学園に創設するなど戦略的な展開を図っているが、コンテキスト（背景）やコンテンツ（教材）が従来と異なるため、普及にはやや時間がかかるだろう。

これらをまとめると、GABAの中期的な将来予測は、教室の拡大とそれに伴う生徒数の増加をベースに考えていくのが妥当であろう。

・発展シナリオを評価する

このような事業展開のシナリオを具体的な数字に落とし、GABAの「企業価値」を算定してみよう。算定された企業価値に比べて株価が低ければ、割安であり、投資としては「お買い得」となる。株式市場というのは、短期では株価の浮き沈みが激しくなるが、長期で見ればその企業の株の価値に収れんしていく。そのため、一時的に株価が価値を下回ったときに株を買うのが投資の基本である。

企業価値とは、会社が将来稼ぐお金を全部見積もり、それを現在の価値に換算したものだ。そこから借金などを引けば、株主価値、つまりその会社の株の妥当な価格を算出することができる。しかし、言うのはたやすいが、企業が将来稼ぐお金を見積もるという作業は、実際にはとても大変だ。そのためにまずは、先に挙げたように将来のシナリオを書いてみなければならないし、それを具体的な数字に落とし込む力も必要になる。

それでは早速、GABAの企業価値を考えてみよう。今から行なうのは、DCF（ディスカウントキャッシュフロー）法というきわめてスタンダードな企業価値評価のやり方である。DCF法では、会社が将来稼ぐお金（＝フリーキャッシュフロー）を現在の価値に変換する。

・GABAが将来稼ぐお金はどれくらい？

まず、フリーキャッシュフロー（会社が将来稼ぐお金）を見積もろう。フリーキャッシュフローは、「営業利益－税金－設備投資＋減価償却－運転資本」という式で表される。

以下、それぞれについて見ていきたい。

GABAの2008年度業績予想の数字を用いて、それ以降の売上を予測しよう。GABAの売上は、「教室数」×「教室あたり生徒数」×「生徒あたり単価」と“因数分解”することができる。GABAがどれだけの教室を新規開設するかを予測し、どれだけ生徒が増えるのかを考えてみるといい。ここでは、年間３～６校新規開設するとし、その結果、受講生数は約1,500～3,200人ずつ増加すると考える。１校あたりの受講生数は、

図7 GABAの企業価値評価

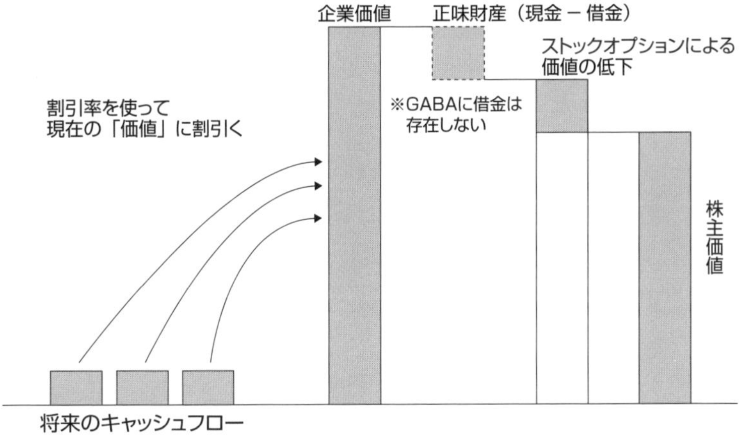

➡将来稼ぐお金を「現在の価値」に換算し、借金やその他を引くと株主価値になる

過去の実績から予測した。新規開設校数の根拠は、IRへの問い合わせである。「毎年新規開設５～７校、立地改善２～３校を計画」との答えが返ってきた。

2006年度、2007年度の受講生の増加が約3,500人なのでこの予想は現実的な数字だ。ここから受講生１人あたりの売上高を計算すると全体の売上高が予測できる。

営業利益は、売上に営業利益率をかけて算定する。GABAの営業利益率は、2006年度、2007年度は18％以上と高い。しかし2007年２月23日の決算説明会では、「成長を睨んだ投資をするため利益率は低下する」と発表している。会社発表の計画数値では13.6％だが、今回の予想では幅を持たせて13~14％としよう。

設備投資額は、３～６校の新規開設（５年目以降は０～６校の新規開設）、２～３校の立地改善と見積もり、１校あたりの投資額（過去の実績から予測）から予測することにした。減価償却費は、建物の耐用年数を15年とし、固定資産の増加に伴って増えていくと見ている。運転資金は、生徒数の増加による前受金の増加からのキャッシュインを想定している。

・株価との比較

これで将来稼ぐお金の見積もりができた。あとは、将来のキャッシュを現在の価値に換算して、現在の価格（株価）と比較すればいい。将来のキャッシュを現在の価値に換算するには、割引率という指標を使うことになる。

割引率というと何のことだろうと思うかもしれないが、これは将来のお金を現在の価値に割り引くための率だ。誰だって、５年後の100万円より、今の100万円のほうが好きに決まっている。だから将来のお金は、現在の価値に換算するときには「割り引いて」考えなければならない、ということだ。ここでは、割引率は７～９％とした。「(将来稼ぐお金を現在の企業価値に換算するためのフリーキャッシュフロー）÷割引率＝企業価値」である。

通常は、この企業価値から借金を引くが、GABAは無借金なのでその必要はない。しかし、過去７回発行しているストックオプションが行使されると一株の価値が希薄化するのでそれを考慮する（潜在株式数を合わせた株式数の約30％)。その結果、GABAの１株あたりの理論価値は18万～30万円と出た（図８)。

上記は試算なので、あくまで「そのシナリオ通りに行けば」の話である。当然、投資は自己責任で行なうものだ。

図8 GABAの１株の理論価値の計算

2133	GABA		
時価総額	4,538		
発行済株式総数	43,634		
株価	104,000	ストックオプション	13,316
税率	41.9%		
株式資本コスト（ワック）	8.0%	長期成長率	0.0%

	2004	2005	2006	2007	2008	2021	2022
売上高	4,042	1,090	5,520	7,656	8,179	17,846	18,590
教室数	24	25	27	30	33	72	75
LS（一般）数	24	25	27	29	32	71	74
純増数		1	2	2	3	3	3
LF（ジュニア）数	0	0	0	1	1	1	1
純増数		0	0	1	0	0	0
立地改善				3	2	2	2
教室あたり生徒数	354	348	448	536	528	528	528
生徒あたり単価	476,033	125,388	456,123	476,327	469,494	469,494	469,494
営業利益	997	268	1,195	1,427	662	2,427	2,528
営業利益率	24.7%	24.6%	21.6%	18.6%	8.4%	13.6%	13.6%
税引後営業利益	579	156	694	829	385	1,410	1,469
減価償却費			90	121	121	396	412
設備投資		−392	−332	−848	−707	−707	−707
運転資金の増加分		412	2,977	1,214	315	447	447
フリーキャッシュフロー		−106	1,883	1,559	114	1,547	1,621
現在価値					105	527	511
継続価値							4,297
理論事業価値				12,108			

有利子負債	0	非事業用資産			
理論株主価値	12,108		理論価値	楽観	175,235
理論株価	212,608			悲観	297,550

➡１株あたりの理論価値は18万〜30万円と算出された

■まとめ

ここで大事なことは、その企業の行く末を自分で考えてみること、そしてその結果を具体的な数字で表現するということである。この数字と株価を比較することは、仮説検証の訓練となる。

株価を予想することは困難だろう。株価の予想は所詮、結果論だ。株価に影響を与える変数、特に、短期的な株価がどのように構築されるのかを知ることはとても難しい。それこそ、ニューヨークの株価暴落かもしれないし、突然発表されるＭ＆Ａ、大株主の売却、機関投資家のセンチメント……ときりがない。また、株価を決めるのはコンセンサスだから、大衆の感情の方向性を読み解くことができなければ株価を読みきることはできない。究極的には、他の人（特に大衆意識）がどのような判断を短期的に下すのかを知ることは困難だ。

私たちが唯一わかっていることは、この世界が資本主義世界だということだ。このルールが変わらない限り、**結局、株価は、その会社が生み出しているキャッシュフローに依存して適切な水準に収れんしていくだろう**。もちろん、資本主義的ルールがもはや終焉を迎えつつあることや、短期の株価の乱高下自身がその会社の将来キャッシュフローに影響を与える、という要素もあるだろう。しかし、それにもまして、現在までのところ、やはり株価はキャッシュフローに依存して決まるのだ。

このような前提に立つのであれば、投資とは、その会社のキャッシュフローに賭けることに他ならない。その意味で、会社を深く理解し、その経済性や事業展望、キャッシュフローの見込みを分析することが、投資家・企業分析家にとって唯一の「宿題」といえるのではないだろうか。

キャッシュフロー ~お金の流れでわかる企業の健康状態~

キャッシュフローに苦手意識を持つ人は多いと思うが、ここではその意味と使い方をわかりやすく紹介したいと思う。

最初の注意点は、「キャッシュフローは長い期間で見ろ」ということである。1年や2年のキャッシュフローは大きく波を打つ。だから、最低で5年間、できれば10年間のキャッシュフローの動きを見なければならない。

キャッシュフローは、「営業」「投資」「財務」の3つに分けて記述される。営業キャッシュフローは、「実際に稼いだお金」で、どちらかというと利益に近い。投資キャッシュフローは、「将来のために投資したお金」で、通常はマイナスとなる。財務キャッシュフローは、「スポンサー（株主・銀行）とのお金のやりとり（調達や還元)」を表す。

会社は、まずお金を調達し、それを投資し、そこから稼ぎを得て、それを還元するというサイクルを繰り返している。

この3つのキャッシュフローのうち、事業の展望を見るためには、営業キャッシュフローと投資キャッシュフローの2つの動きを中心に見るとよいだろう。この営業キャッシュフローと投資キャッシュフローを足したものを「フリーキャッシュフロー」という。財務キャッシュフローはその2つの「調整弁」と位置づけるとわかりやすい。企業はお金が足りなければ調達（借入、増資）を行なうし、手元に余れば還元（返済、配当）するのである。

では、営業キャッシュフローと投資キャッシュフローの関係を具体的に見てみよう。

投資キャッシュフローは将来のキャッシュを生み出すための先行投資である。したがって、成長期には、基本的にマイナスになっている項目である。投資の結果、キャッシュを稼げるようになると、営業キャッシュフローとしてリターンが産み出されるという流れである。営業キャッシュフローと投資キャッシュフローの合計がプラスなら、手元にお金が増えたことになる。キャッシュフローの流れ

図9 キャッシュフローマトリクス

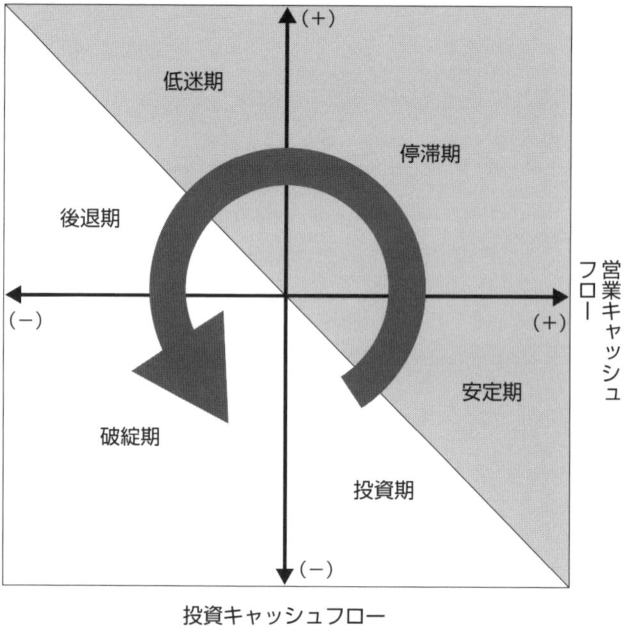

➡キャッシュフローマトリクスは、投資期に始まり破綻期に終わる

は、縦軸に投資キャッシュフロー、横軸に営業キャッシュフローをとった「キャッシュフローマトリクス」で見るとわかりやすい（図9）。

普通の会社は、投資キャッシュフローはマイナスで、営業キャッシュフローはプラスなので、図の右下の領域に入ることになる。その中で、稼ぎのほうが投資よりも大きければ、安定期に入るし、投資のほうが稼ぎよりも多額であれば投資期に入る。

以下は、トヨタ自動車とキヤノンという日本を代表する２社の例である（図10、図11）。

トヨタ自動車は、投資キャッシュフローのマイナスが営業キャッシュフローのプラスを上回っている状態であり、積極的に投資を行なっていることがわかる。一方でキヤノンは、稼ぎの範囲内で投資

図10 トヨタ自動車のキャッシュフロー

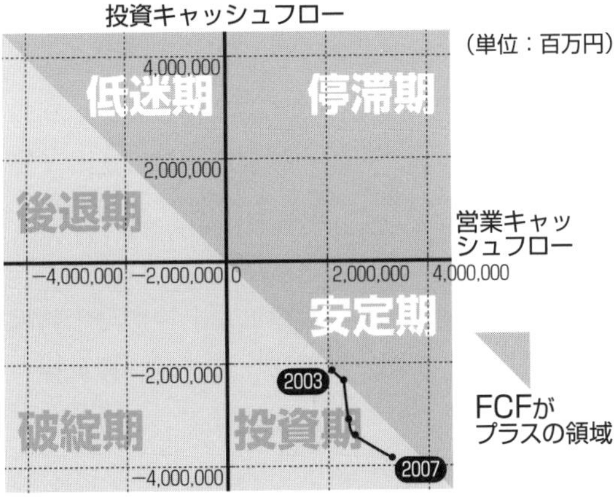

➡トヨタは積極的に投資を行なっている

図11 キヤノンのキャッシュフロー

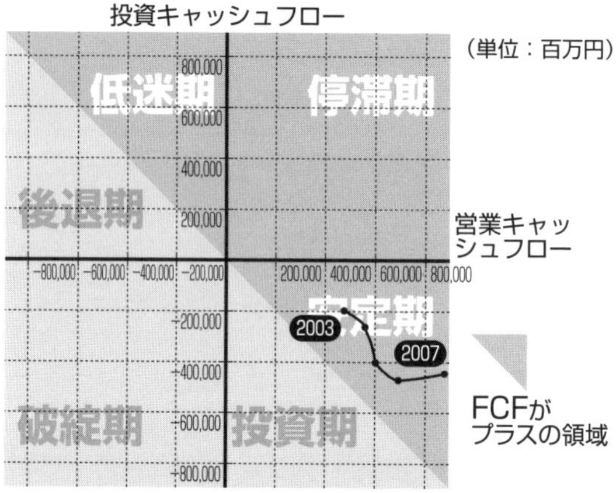

➡稼ぎの範囲内で投資を行なっている

をしており、フリーキャッシュフロー（FCF）はプラスである。

どちらがいいと単純に決めつけることはできないが、企業は投資と稼ぎを繰り返しながら発展していくものであるから、バランスのよい発展を目指している企業がよいだろう。たとえば、アスクル（2678／東１）のキャッシュフローからは、投資をして営業キャッシュフローを稼ぐことを繰り返しながら発展しているのがわかる（図12）。

やがて企業活動が停滞してくると、停滞期の領域に入ることになる。営業キャッシュフローはプラスだが、投資先がなく、むしろ手元の資産を売却してキャッシュに換えているため、投資キャッシュフローもプラスという状態である。マイクロソフトがいい例だろう。ウィンドウズで覇権を握った同社は、安定した営業キャッシュフローを稼ぎ出しているが、投資が少ないため停滞期に入っており、フ

図12 アスクルのキャッシュフロー

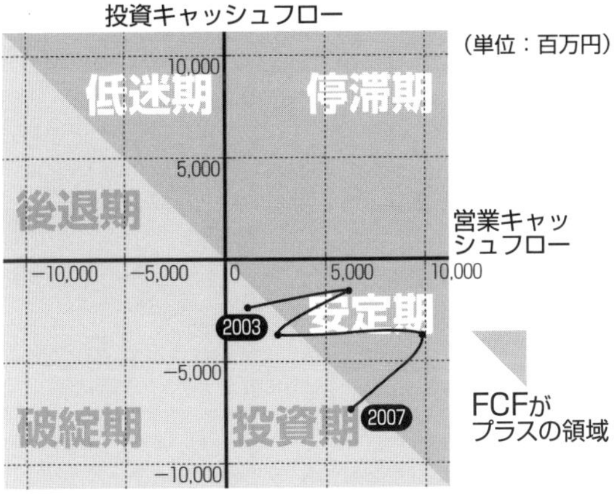

➡投資と稼ぎを繰り返しながら発展している

リーキャッシュフローは非常に高く、お金が余っている。それまでの20年間、まったく配当をしていなかった同社が配当を始めたのもこのような金余りの事情がある。一方でグーグルは投資を行なっているようである（次ページ図13）。

投資がなければ次の稼ぎ（営業キャッシュフロー）も生まれないため、この状態が続くと、企業は低迷していくことになる。たとえば、ダイエー（8263／東１）は本業から入ってくる営業キャッシュフローが年々減少しており、既存店舗や企業の売却のために投資キャッシュフローがプラスになっていることがわかる（図14）。この売却で作ったお金で借金を返済しているという仕組みである。

さらに、本業で営業キャッシュフローを稼げなくなってしまうと、

図13 マイクロソフトとグーグルのキャッシュフロー

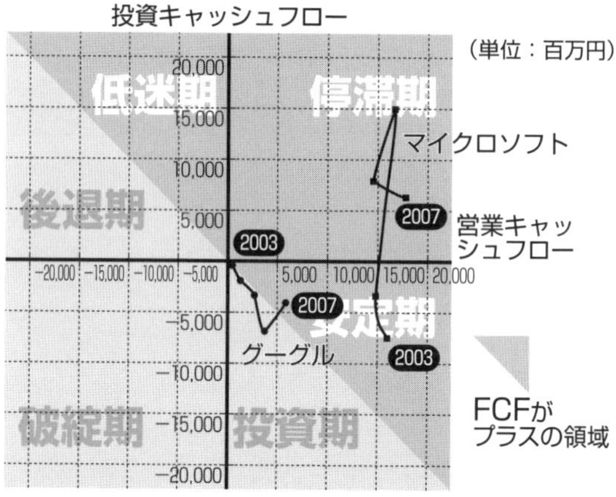

➡マイクロソフトはお金が余っているが、グーグルは投資をしている

図14 ダイエーのキャッシュフロー

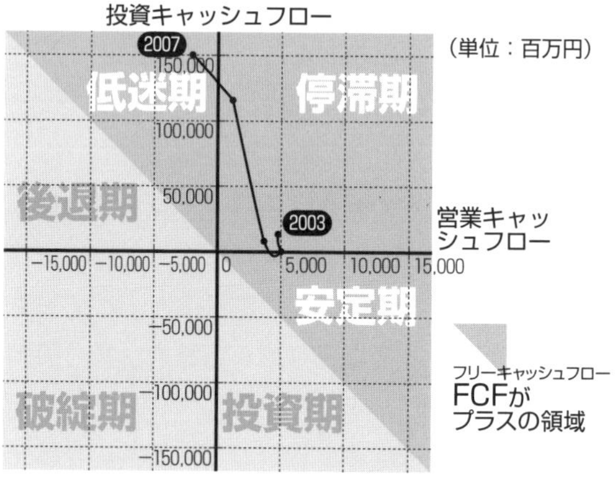

➡資産売却で作ったお金で借金を返済している

企業は固定資産などをどんどん売り、不足しているキャッシュを補填するようになる。そうなると企業は低迷期に入ったといえるだろう。資産売却が進んで株や土地などの売るものがなくなると、いよいよ後退期に突入することになる。これは営業キャッシュフローがマイナスで、それを補完する投資キャッシュフローがない状態である。

そして、非常にさびしいが、稼ぎもなく売り物もなくなると、あとは財務キャッシュフローでお金を調達しなければ回らなくなる。これが破綻期である。最後は誰もお金を出してくれなくなり、資金が不足し、調達できなければ会社は破綻に至る。

このように、企業の栄枯盛衰をキャッシュフローマトリクスで見ると、右下の投資期から始まって、ぐるっと反時計回りに進み、左下の破綻期で終わるということになるのである。

いかがだろうか。営業と投資のキャッシュフローの流れを見ると、企業が投資段階なのか、回収段階にいるのかがひと目でわかるようになる。利益は出ていても実際にキャッシュフローを稼げていない会社は案外多いものである。そのような会社は、粉飾をしているか、会計処理が甘い可能性もある。そうなると、今は利益が出ていても、将来、特別損失という形で一気に会計上の損失を計上する危険性があるので要注意である。そのようなことにならないようキャッシュフローをじっくり見るべきだ。

case study

6

JR東日本

◉分析する企業

JR東日本（東日本旅客鉄道）

インフラ産業／9020（東1）

◉企業を見る視点

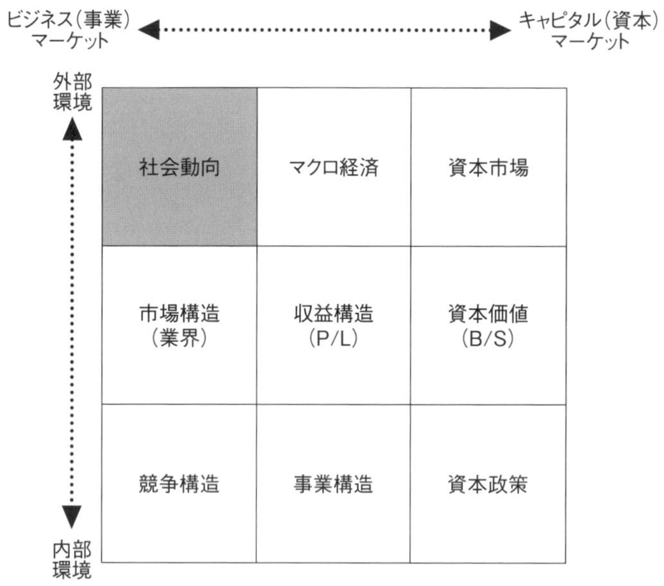

電力・ガス・運輸など、社会の基盤となるインフラ産業の業績は、ビジネスモデルなどの企業内部の要因よりも、社会動向などの、より大きな外部要因の影響を受けやすい。ここではJR東日本を取り上げて、マクロの社会動向が収益にどのような影響を与えるかを考察するとともに、飛行機と新幹線の競争力の違いを、顧客の視点と収益構造の視点から解説する。

会社概要

➡運輸が主体だが、駅ビルなども積極展開

東日本旅客鉄道（以下、JR東日本）は、言わずと知れた日本の代表的な旅客運輸会社である。管轄地域は東日本一帯で、JR各社の中で最も広い。その収益の7割は旅客運輸業から得ており、残り2割は物流と不動産などである。また近年は、駅ナカ、駅ビルの開発や電子決済（Suica）など、付加価値事業も積極的に始めている。

財務分析の視点から

➡利益もキャッシュフローも堅調

鉄道経営には莫大な資本投下が必要となるため、JR東日本の固定資産規模も5兆円（簿価）にのぼる（次ページ図1）。バランスシートの約8割が固定資産であり、この大規模な資産の原資を提供する株主の構成は、信託口や銀行などが名前を連ね、金融が大多数となっている。また固定資産を担保にした多額の借入を行なっており、比較的借入比率が高いこともわかる。ただ利益については、最近の日本経済全体の回復を反映して堅調に推移している（図2）。

キャッシュフローを見ても、毎年営業キャッシュフローの範囲内での投資をしており、安定的なビジネスを行なっていることがわかる。投資の内訳は車両や設備などだが、長期にわたってキャッシュを稼ぐために必要なメンテナンス投資も多い。

以上から、財務的に見てもJR東日本は運輸インフラ事業として今後も競争力を発揮することになるだろう。

財務分析の補足として、利益とキャッシュの違いと、これに対する株

図1 JR東日本のバランスシート

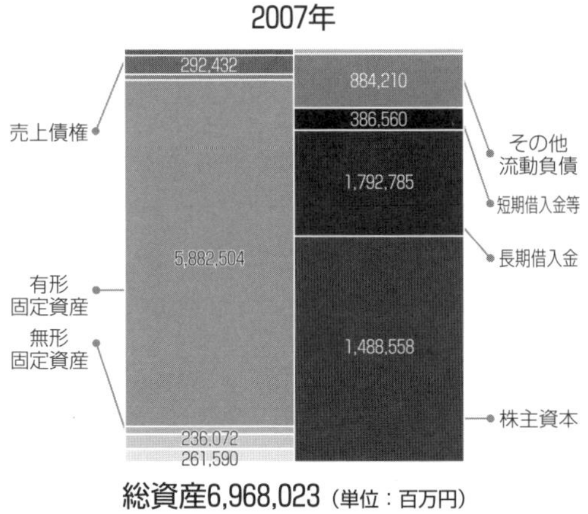

➡資本投下が必要なインフラ産業は固定資産を多く持っている

図2 JR東日本の売上・利益

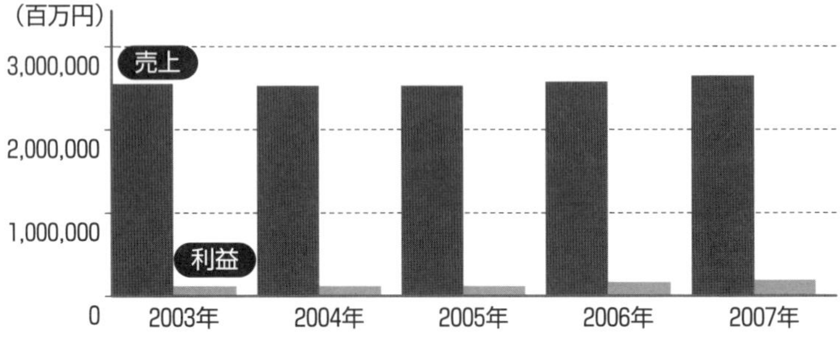

➡利益は堅調

価への影響に触れておこう。なぜならすでに述べたように、JR東日本は最初に多額の投資を必要とし、その後は、その固定資産を償却していく（費用化していく）構造にあるため、償却方法と実際の固定資産の劣化の状況によっては、利益とキャッシュに大きな隔たりが出る可能性があるからだ。

詳しくは125ページのコラム「利益とキャッシュはどう違う？」を参照していただきたいが、たとえば、実際の固定資産が償却期間よりも長く使えるものであれば、キャッシュフローは利益を上回るし、その逆もありうるのである。また設備投資された固定資産以外にも、資産や負債の価値の変化は利益に影響を及ぼすが、キャッシュに影響を与えないものもある。退職給付会計もそれに含まれる。

現在、JR東日本の退職給付会計においては、数理変更上の差異（これは計算上のブレをさす）を10年間で均等償却することによって修正している。総額は約300億円程度だが、この金額は販売管理費として費用計上されているのである。よって、この修正が発生しはじめた2001年から10年後、2011年の３月決算からは、利益が単純に300億円増額になる。もちろんこれは、単なる会計上の処理であり、キャッシュフローに影響はないのだが、もし市場参加者がこの増額を織り込み済みでないのだとすると、利益の増加に反応して、今後株価が上がることも想定される。

企業の価値を創るのは、まぎれもなくキャッシュ（現金）である。利益はあくまでも会計上の「ルール」に則った指標に過ぎない。だが、キャッシュの動き、つまりキャッシュフローは、企業が投資と回収を繰り返す中で大きく動くため、それだけを見ていても企業成果を把握することは難しい。そのため、多くの人は利益をベースに企業の成果を見計らっている。企業価値分析には本質的には関係ないが、株価が市場関係者の合意（コンセンサス）によって動くことを考えると、投資をするうえでこの利益の動向を把握することには価値があるだろう。

■■社会（需要）動向の視点から

➡人口は減少するが、鉄道の使用頻度は上昇する

次にJR東日本の収益の７割を占める運輸事業に絞ってその収益構造を分解し、今後の収益増加の見込みを考えてみる。

本稿では、運輸事業の収益を以下のように分解して考えた。

運輸事業収入

＝　人口　×　移動頻度　×　鉄道利用率　×　顧客単価

このうち、「人口」や「移動頻度」はマクロの変数であり、「鉄道利用率」は他の交通機関（飛行機）に対する競争優位性を表している。最後の「顧客単価」には、旅客収入だけでなく、鉄道インフラを利用した付加価値サービス、たとえば駅ビルでの買い物による売上も入ってくる（図３）。以下、これらの各要素について詳しく見ていくことにしよう。

まずは、収益に影響を与える最大の要因、人口である。わが国の人口はすでにピークアウトしており、2030年には、2006年のピーク時より約10％の減少が見込まれている（図４）。人口の都心回帰を考慮すると、

図３　鉄道運輸事業の収益を分解する

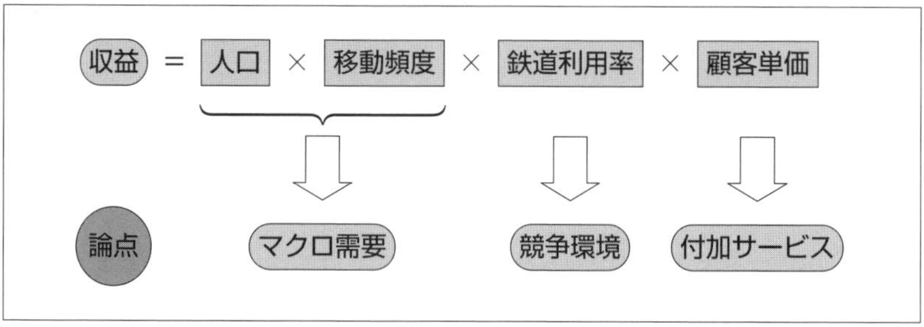

JR東日本の展開地域においては、人口動態そのものの影響は穏やかになるものの、基本的には人口減の影響を避けることはできない。

移動頻度については、正確な統計は得られないため推計となるが、移動の目的を通勤（日常移動）・旅行（非日常移動）と分解して考えると想像しやすいと思う。通勤の需要については、今後、通信網の整備などによって自宅でも仕事ができる環境が整うことで、超長期的には移動頻度はやや下がってくると予想される。しかし実際には、経済の発展に伴い人の移動は激しさを増すとも考えられる。両変数の動向を勘案し、ここでは日常移動需要は一定と考える。

非日常の移動（旅行）などは、定年退職した60歳台の人口の増加に伴い、増加することが予想される。ただし、いわゆる日常移動需要に比べ、業績への影響は小さいだろう。

以上、人口と移動頻度を勘案すると、マクロ需要（人口×移動頻度）は横ばいか、やや減少すると考えられる。だからといって、JR東日本

図4 日本の人口予測

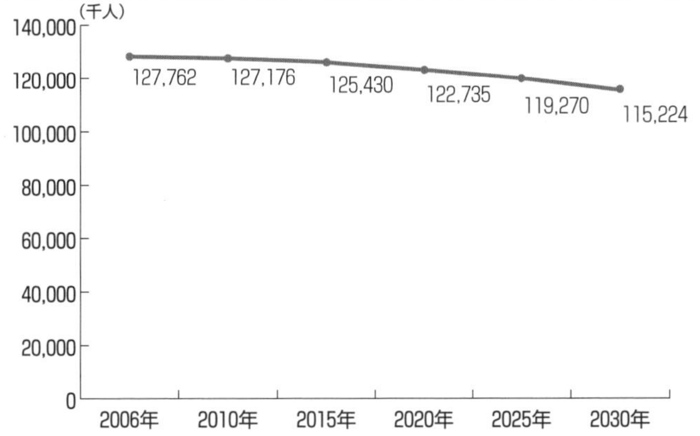

（出所：国立社会保障・人口問題研究所）

➡人口は今後逓減傾向

の将来を悲観するべきではない。需要の減少を他の交通機関に対する競争力の強化で補うことが可能だからだ。それを表すのが、次の「鉄道利用率」である。

■飛行機VS新幹線

➡4時間以内なら鉄道が有利

絶対的な移動量が変わらなくても、移動手段の中で鉄道を使う人が増えれば、当然、JR東日本の収益は上がる。そこで、鉄道を利便性や価格の面から車や飛行機などの他の移動手段と比較し、今後の鉄道利用を考えてみる必要がある。ここでは、収益に対するインパクトの大きい飛行機と新幹線の戦いに焦点を絞って考えたい。

まず利用者の視点で考えてみる。図5は新幹線と飛行機にかかる時間の配分イメージである。

新幹線は利用の前後に時間がかからないが移動時間が長い。これに対し飛行機は、利用前後にかかる時間が長く、移動時間が短い。このことから、長距離になればなるほど、待機時間は長いが移動そのものの時間が短い飛行機のほうが有利ということになる。新幹線と飛行機の有利・不利の分岐点は、運輸業界の専門家によると約4時間である。つまり4時間以上かかる移動であれば飛行機が有利であるし、その時間の範囲内であれば新幹線が有利といえる（図6）。

これは、東京—広島間の新幹線での移動時間と同じぐらいである。したがって東京—大阪間では新幹線有利、東京—福岡間では飛行機有利という構図が浮かび上がる。過去の事例を見ても、JR東日本管内では、約3時間の移動距離となる東京—山形の場合、山形新幹線が開通する前は飛行機によるルートが一般的であり、1日3～4便が運航されていた。しかし山形新幹線開通後は飛行機利用者数が減り、今や1日1便という

図5 飛行機と新幹線の利便性を比較する

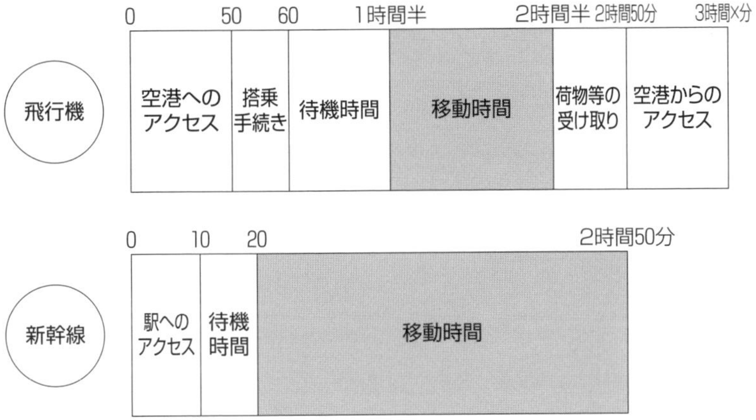

➡鉄道は移動時間が長いが、利用前後の時間はかからない

図6 主要都市への移動時間と飛行機・新幹線のシェア

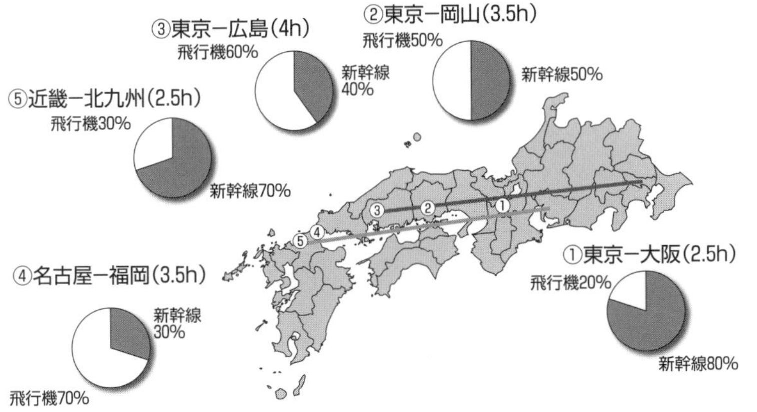

(分析：クレディスイス)

➡飛行機と新幹線の有利・不利の分岐点は約3時間半

図7 主要都市への新幹線のアクセス

状態に陥り、飛行機が苦戦している状況である。この事実は、国内での移動手段としては新幹線のほうが飛行機に比べて競争優位にあることを示している。

今後、整備新幹線が金沢、青森、函館と整備され、移動距離４時間圏内の路線が増えるにつれ、飛行機利用者はますます減り、鉄道（新幹線）の利用者が相対的に増えていくことが想定される（図７）。

・先行投資で償却費が重いのが特徴

鉄道と飛行機の運営者側の経済性も比較してみよう。ここでは、ANAとの損益比較において、その経済性を分析する。ANAを選んだのはわが国のフラッグシップ（代表的企業）であるJALが現在、再建途上であり、正確なエコノミクス（経済性）の分析は難しいからである。

さて、飛行場がすでに主要都市に整備されていることを考えると、航空会社の費用は、飛行機の機体と燃料費、従業員コストが中心となる。一方で、鉄道の場合は鉄道敷設コストがかかる。そのため投資初期のキャッシュの流出が大きく、またその後の償却（費用）負担が重い利益構造だとわかる。図８はJR東日本とANAの損益計算書のイメージグラフであるが、一見して鉄道は償却費が重いことがわかる。つまり、鉄道のほうが飛行機よりも先行投資型のビジネスであり、一度、大きく投資をしてしまえば、その後のキャッシュは必要なくなるのである。

また収益性を営業利益率で見ると、JR東日本が15％なのに対し、ANAはわずかに６％である。もちろん飛行機には国際線も含まれるわ

図8 JR東日本とANAのP/Lイメージ

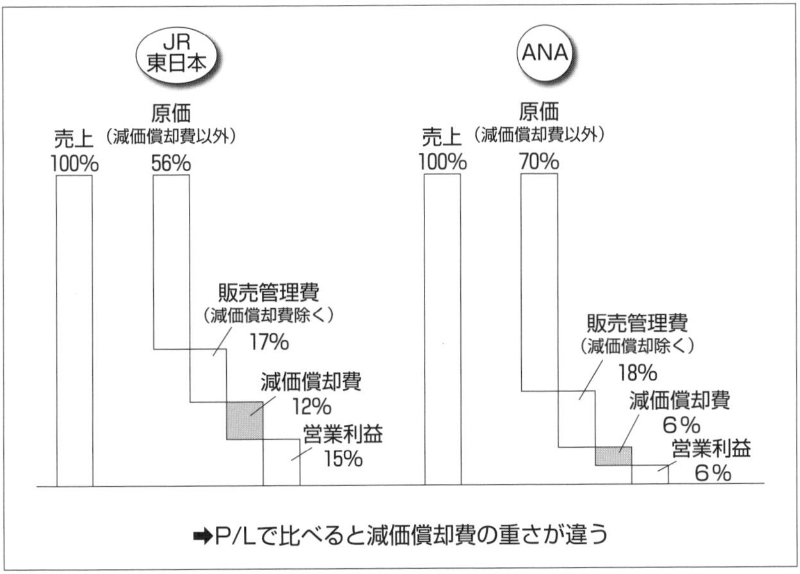

けであるが、収益性ひとつとっても２倍以上の差があることを考慮すると、飛行機の台所事情の厳しさが浮かび上がる。

したがって、利用者側の視点と運営者側の財務状況の両面から見ても、運輸事業においては、飛行機よりも新幹線に軍配が上がるということがわかり、JR東日本の「鉄道利用率」についての未来は明るいといえよう。

非インフラ事業に拡大の余地

➲付加価値サービスで顧客単価のアップを目指す

収益構造の分析の最後に見ておきたいのは、非インフラ的な事業の拡大可能性（付加価値サービス）である。人（や物）を運ぶというインフラ（基礎）事業は、ある程度、限界が見える。それに、鉄道の運賃は法律によって規制されており、簡単に変えることができない。したがって、JR東日本の将来の発展可能性を占うのはむしろ「運ぶ」だけではなく、

図9 JR東日本の今度の拡大イメージ

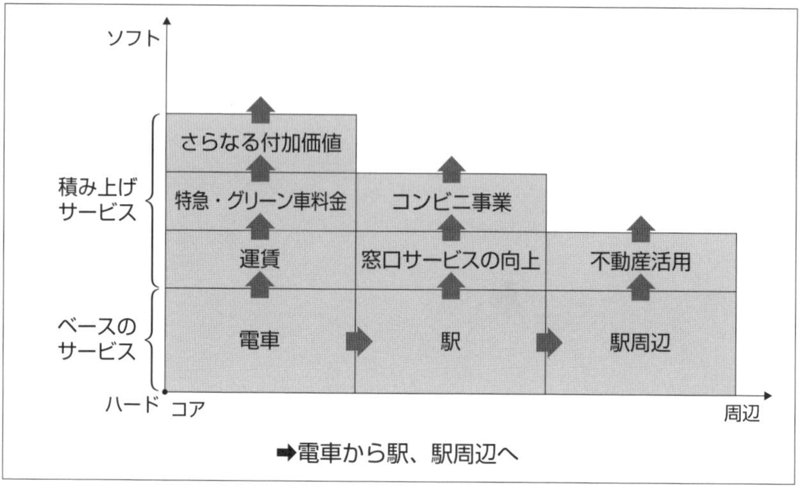

その上にどのような収益を積み上げられるか、ということになる。

人が動くところ、人が集まるところには必ず利益が生まれる余地がある。JR東日本の今後の価値の源泉は、実は従来の人の輸送価値の創造ではなく、人の流通の上に、どれだけ販売機会を創出できるか、にかかっているのである。その意味では、今後、JR東日本のKPI（収益目標指数）は、従来の「乗降客数」から「顧客単価」にシフトしていくのが正解だろう。

単価を上げるための取り組みは、電車（運賃）・駅・駅周辺をベースとして、その上に積み上げていくイメージで発展させていくことができる。現在もJRでは積極的にこの分野に取り組んでいるが、本業での収益の限界が見えている以上、今後はさらにその動きが加速するはずである。

さらに、今後、乗車券の電子化や携帯による座席の予約が可能になってくると、駅の窓口業務も簡素化することが予測され、窓口スペースを利用したサービスが可能となってくると考えられる。

そうなると、JR東日本の価値の本質は、インフラではなく、上物（サービス）へとますますシフトすることになり、企業分析に際してはその価値を見極める必要が出てくるだろう。

まとめ

さて、本章ではインフラビジネスを、社会のマクロ環境と競争環境、個社の事情に分けて考察した。

インフラビジネスは、独占的色合いが強い商売であり、その色合いはさらに進むと考えられるが、法律上も大きな問題はなく、安定的なビジネスであるといえる。市場の動向に相関性が強いものの、当社への投資は、買いのタイミングを間違えなければ、定期預金的な色合いが強いと考えることができよう。

またこれに加え、同社のようなインフラ事業が、非インフラ的な価値創造事業に注力し始めたとき、新しい企業価値の生まれる可能性がある。

JR東日本のSuicaは、まだサービスが始まったばかりである。しかし、大量の人の流通をつかさどる同社が、今後、金融・サービス企業として発展していく可能性も十分に考慮に入れるべきであろう。

COLUMN

利益とキャッシュはどう違う?

ここまで何度か言及してきたように、主な財務諸表は３種類ある。損益計算書（P/L）と貸借対照表（B/S)、そしてキャッシュフロー計算書（C/F）である。

多くの人は、財務分析というと、P/Lを見て、次にB/Sを見て、時間が余ったらC/Fを見る、という感じではないか。ところが、企業分析のプロはまったく逆の順序で分析する（図10)。

企業分析の際に一番重視するべき項目は、C/F、次いでB/S、最後にP/Lの順である。なぜならC/Fこそは、事実であり、「生もの」の数字だからだ。P/Lというのは、成果を会計というルールで評価

図10 プロはC/Fを重視する

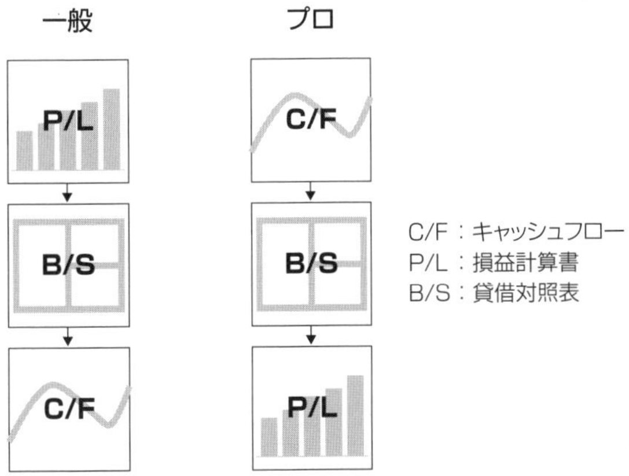

➡多くの人は、P/L→B/S→C/Fの順に重視していくが、プロは、C/F→B/S→P/Lの順に重視する

したもの、つまり、加工済みの「お惣菜」みたいなものである。それに比べるとC/Fは「有機野菜」にあたる。自分で料理ができる主婦は有機野菜を好み、独身男性は加工済みのコンビニ弁当を買うのと同じように、素材を自分自身で調理できる企業分析のプロは生モノ（C/F）を好み、そうでない人は加工品（P/L）を見るということである。「売上から費用を引いたら利益が残る」というP/Lはわかりやすいので、多くの人はこれを好むが、より正確に企業の実態に迫るにはキャッシュフローを見ていったほうがよい。

では、P/L上の利益とキャッシュフローの違いは一体何なのか？キャッシュフローがあるなら、なぜ利益というものが必要なのだろうか？　どちらも会社が生み出した成果や稼ぎを表しているということは理解されているだろうが、両者の違いを明確に定義したものは少ない。利益とキャッシュフローの違いを生む要素を単純な例で考えてみよう。

ある会社がビルを50億円で建てるとする。そして、その他にその年にかかった原価や経費などのコストが50億円で、売上は70億円稼いだとする。お金の動き、つまりキャッシュフローだけを見たら30億円のマイナスである。それは次の式でわかる。

売上70億円 － コスト50億円 － ビル建設費50億円
＝▲30億円

しかしここで、実際にはこのビルは５年間使えるものだとする。すると、ビルの１年分の費用は、50億円の５分の１の10億円と「認識」されることになる。そうなると、この年の「成果」は、売上70

億円から原価や経費などの50億円とビルの費用の10億円を引いた10億円ということになる。成果（利益）で見るとプラス10億円ということだ。

売上70億円 − コスト50億円 − ビル費用10億円（１年分）
＝10億円

ここで、キャッシュフローは、マイナス30億なのに利益は10億という違いが出てしまう。

この場合、問題はどちらが正しいかということではない。「いくら成果を上げたか」を判断する場合は利益を見ればいいし、「いく

図11 キャッシュフローと利益の違い①

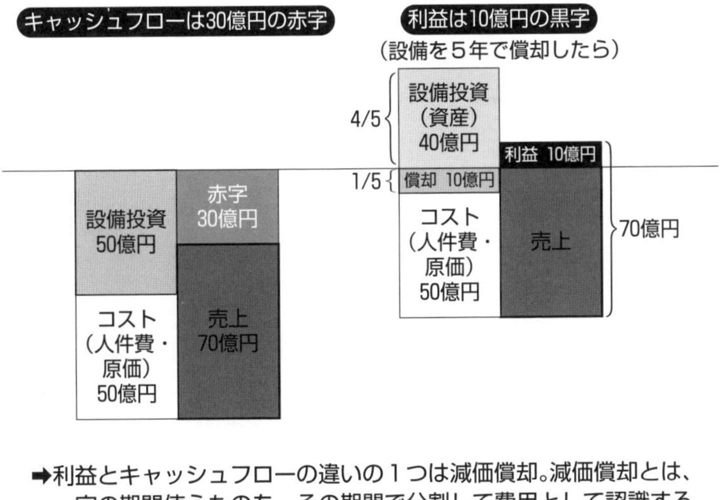

➡利益とキャッシュフローの違いの１つは減価償却。減価償却とは、一定の期間使うものを、その期間で分割して費用として認識すること。つまり費用は、認識で決まる。そこにキャッシュフローと利益の差が生まれる

らお金が増えた（減った）か」はキャッシュフローを見ればよいということだ。ポイントは、利益（成果）は会計という「ルールに基づいた評価」であるのに対し、キャッシュフローは「事実」だということである（前ページ図11）。

では、ビルの建設費用のうち、先ほどの計算で費用としなかった40億円はどこに行ってしまうのか。実はこの40億円は、「資産（固定資産）」というものにいったん化ける。そしてちょうどダルマ落としのように毎年10億円ずつ費用として認識されて減っていき、4年後にゼロになるのだ。

このような実際にはお金は出ていかず、資産を費用にして計算していく考え方を「減価償却」という（図12）。

資産とは一体何なのか、費用とは何が違うのか。ひと言でいえば、資産というのは、1回きりではなく、長く使える武器である。一方、費用というのは、ある一定期間に費やしたインプットである。資産

図12 減価償却の仕組み

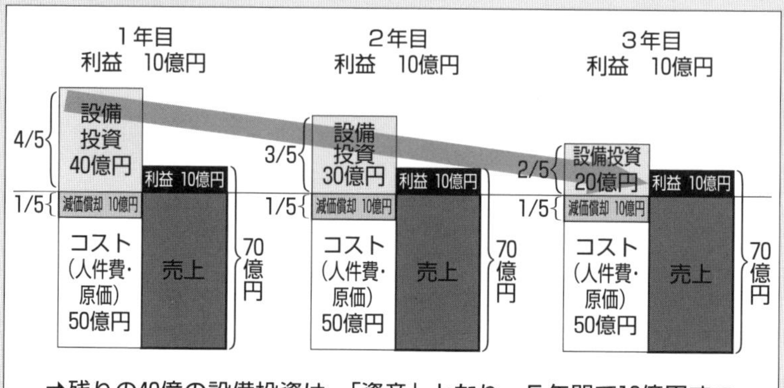

➡残りの40億の設備投資は、「資産」となり、５年間で10億円ずつ費用として認識していく

図13 キャッシュフローと利益の違い②

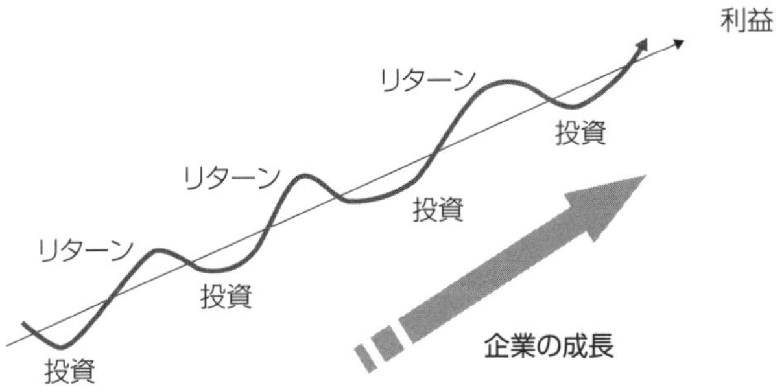

➡企業は、お金を投資し、事業によってリターンを生みながら成長していく。だから実際のお金（キャッシュフロー）は、波を打つのが普通

➡利益は、一定期間の成果を会計というルールに従って決めたもの。つまりキャッシュフローは“事実”で、利益は会計というルールに基づいた“評価”

と費用は、ずっと使えるか、１回きりか、という違いしかない。両者とも売上という結果を上げるための武器やインプットである点では同じなのである。

この資産と費用とを分ける境目、つまりずっと使えるかその期間だけかという判断は会社や会計士の「認識」に依存する。ということは、売上から費用を引いた利益は、前提によって変わるというわけだ。

たとえば先ほどの例では、「ビルが５年使える」ということを前提として利益を算定している。しかし、たとえば、ビルが５年ではなく10年使えると「認識」したならば、最初の年の利益は、15億円ということになる。

売上70億円 － コスト50億円 － ビル代５億円（50億円/10年）
＝ 15億円

こうして見ると、「利益」とは、実に曖昧な存在だと感じるのではないだろうか。

今回のJR東日本の退職給付債務に関する部分でも述べたように、利益とキャッシュの違いを意識して企業を見つめると、企業をより深く理解できるようになるだろう。

case study

7

横浜銀行

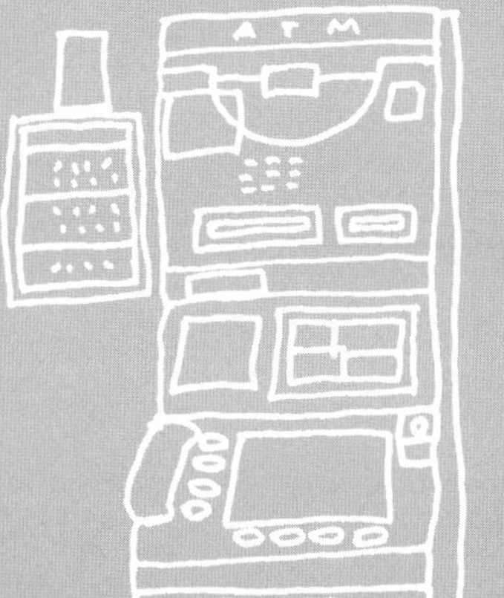

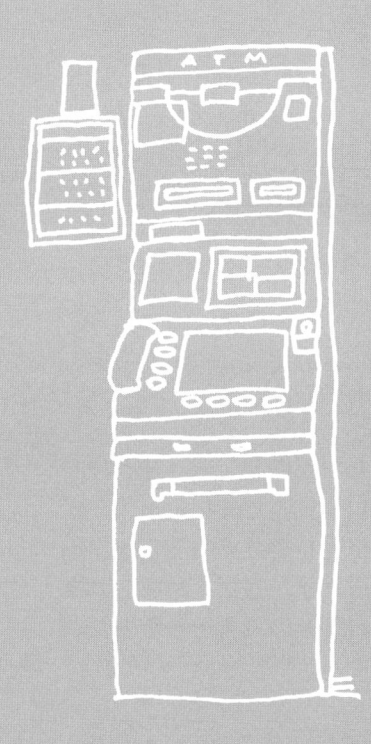

◉分析する企業

横浜銀行

金融業／8332(東1)

◉企業を見る視点

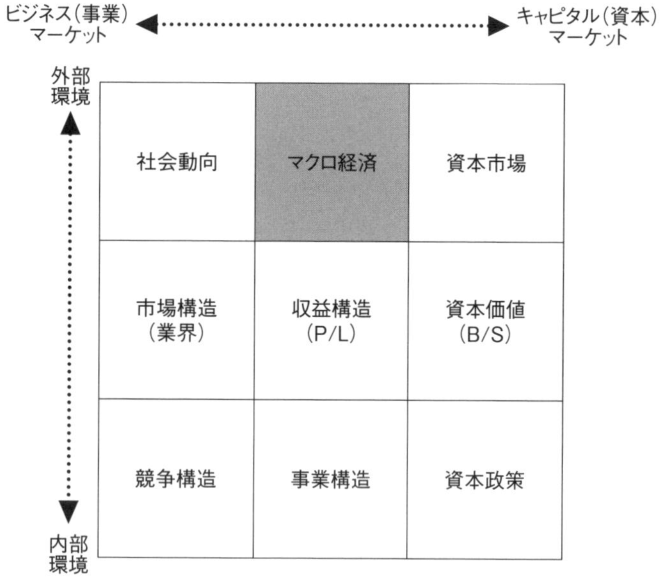

一般に、金融業の分析は難しいと思われている。財務諸表ひとつとっても、普通の事業会社とは項目や見方が異なるうえ、ビジネスというよりは社会的なインフラとして見られることが多く、またマクロ経済の影響を大きく受けるからだ。本章では横浜銀行を例に、一見、わかりにくい銀行業の本質と今後の方向性を見ていこう。

会社概要

信用が土台となる銀行業

横浜銀行は1920年に横浜興信銀行として設立された地方銀行である。その支店は神奈川県全域と東京都、愛知県、大阪府などが中心だが、実は群馬県にも３店の支店を持っている。これは古くは横浜で生糸の貿易が行なわれ、その工場が群馬県に多数あったころの名残である。

同行は長らく総資産額において地方銀行トップの座にあった優良行だが、2007年10月に、「ふくおかフィナンシャルグループ」にその座を奪われており、今は巻き返しを図っているところだ。

さて銀行業とは、ご存知の通り、預金を受け入れて貸し付け、利息を取ることによって利益を上げるモデルである。

ただ誤解が多いのだが、銀行は預金者から集めたお金だけを貸して利子を取っているわけではない。銀行は、ローン資産をベースに、さらに自己資本の20倍までお金を貸し出して利子収入を増やしているのである。

銀行が、貸付（ローン）を担保にお金を創り出し、そこからさらに利息を取るということを考えると、銀行のビジネスの土台が「信用」であることがわかる。**銀行とは、要するに「信用」を仲介する卸売業**なのである。したがって、2007年のサブプライムローン問題のように、いったんローンの価値が減価すると、それを担保として貸している部分の価値も劣化し、なし崩し的に金融業の母体が崩れていくのである。

マクロ経済の視点から

銀行の収益は金利動向に左右される

この銀行の収益性にもっとも影響を与えるのが、マクロ経済の金利動向である。銀行が卸売業として仕入れて販売するのがお金だとすると、その「種銭」の仕入れのコストである金利動向こそが収益性に大きな影響を与えるのだ。

一般に、利上げが行なわれる局面では、銀行の収益は減少し、利下げ局面においては増加する。これは、金利が上がると資金需要（銀行にとっては売上）が減るためだ。逆に、金利が下がると資金需要が増加し、銀行としての収益は上がるという仕組みになっている。

さて、銀行の顧客である企業の資金需要を表す短期金利は、2000年から下がり続け、2006年に下げ止まっている（図１）。横浜銀行の過去９

図1 資金需要とコールレート（金融機関の賃借金利）

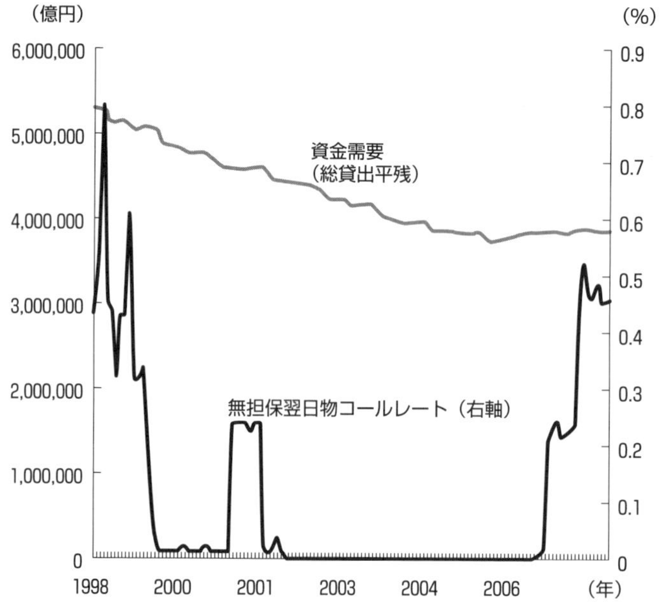

（出所：日本銀行発表資料）

➡資金需要は減少している

図2 銀行の経常利益率の比較（2007年3月）

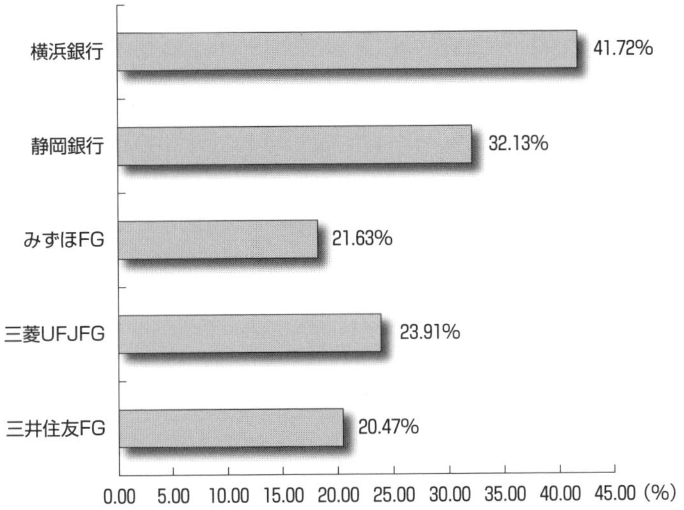

➡横浜銀行の経常利益率は他行に比べて格段によい

年間の収益を見ても、資金需要に沿うかたちで収益（売上）が減り続け2006年で下げ止まっている。

しかし利益を見ると、同行の場合、2004年以降も確実に増加させており、経費の抑制に努めていることがわかる。横浜銀行の経常利益率（経常利益／経常収益率）は大手や静岡銀行などと比べても格段に優れている（図2）。では、もう少し詳しく財務面を見てみよう。

■財務分析の視点から

➲銀行に売上や利益という概念はない

銀行業の財務分析は、やや難しい。すでに述べたような事業構造の違いを意識して、財務諸表を眺めなければならないからだ。

・銀行のB/S…有利子負債はない

一般の事業会社の場合は、事業用の資産・負債と経営の土台となる資産・負債を分けて扱う。しかし、銀行の場合、負債も資産も、すべて貸し出しをするための原資であるという考え方（この考え方をデットフリーと呼ぶ）で純粋な経営母体としての有利子負債がないと考えるのが一般的だ（図3）。後述するが、その結果、企業価値評価の方法も変わってくる。

・銀行のP/L…営業利益という概念はない

損益計算書も通常の企業とは異なる。売上高に相当する部分が経常収益、売上原価・販売管理費に相当する部分が経常費用となっている。よって、事業で生み出される収益については経常利益を見なければならない（図4）。

一般事業会社の場合、通常、営業利益を見るが、銀行には営業利益という概念はない。

営業利益と経常利益の違いは、金融収支が入っているか入っていないかであるが、金融業の場合は、すべてが金融収支であるため営業利益が存在しないのだ。

銀行の収益力を測る際に使う「コア業務純益」という考え方がある。

コア業務純益とは、業務粗利益から国債等債券損益と経費を差し引いた、銀行の本業の儲けを示す収益のことである。これは、債権等の売却益で経常利益を底上げすることが可能であるため、その影響を除こうとする発想から生まれた指標である。銀行の決算報告等にもたびたび出て

図3 銀行のB/Sはどう見るのか

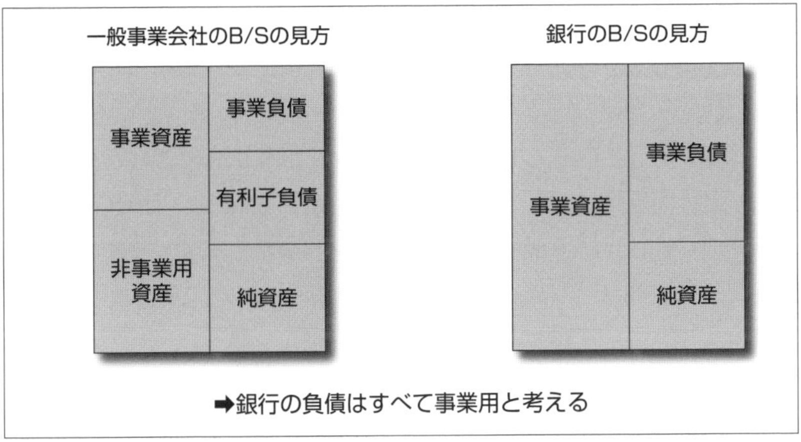

図4 銀行のP/Lはどう見るのか

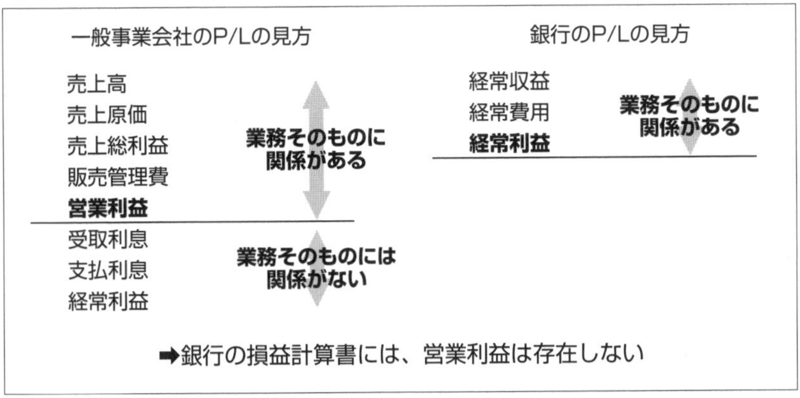

くる指標であるので、ぜひ覚えておきたい。

コア業務純益
＝ 業務純益－債券五勘定尻－一般貸倒引当金純繰入－信託勘定償却
債券五勘定尻＝国債等債券売却益 ＋ 同償還益 － 同売却損 － 同償還損 － 同償却

ところで、銀行のバリュエーション（企業価値評価）はどのようにすればよいのだろう。一般事業会社の企業価値評価においては、事業価値に非事業用資産を足し、有利子負債を引いたものを株主価値と定義した（これについては、case study 5のGABAなどを参照のこと）。しかし銀行の評価においてはそもそも非事業用資産や有利子負債という概念を使わないため、事業価値そのものが株主価値に等しくなる（図5）。

具体的には、当期純利益、あるいは経常利益から税金（40％）を引いた数を所定の割引率で割り引くのが簡易的な銀行の株式価値の算定方法である。

株主価値＝経常利益×0.6／割引率（約８％）

こう考えると、横浜銀行の経常利益は1,090億円（2007年３月期）なので、企業価値は、ざっくり8,200億円と見積もることができる。これに対して、時価総額は9,200億円だからだいたい同じと考えられる。

図5 銀行の価値評価の方法

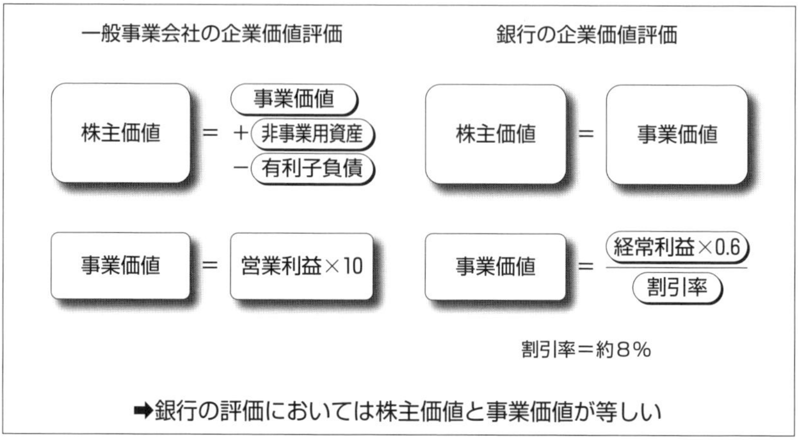

■ビジネスモデルの視点から

➡サービスレベルを高めることが生き残りのカギ

横浜銀行の価値を定量的にはざっくりはじくことができたものの、肝心なのはその将来性を定性的に分析することだ。そこで、横浜銀行が今後、さらに企業価値を高めていくために必要な方向について考えてみよう。

これまでの銀行の収益を決定する要因は信用であった。そして信用は規模に比例する。だが、競争が激しい今後の市場においては、いかに付加価値をつけるかに力点が移る。

今後の金融機関の付加価値の源泉は、主に２つに分かれるだろう。１つは、「提供する金融商品の多様性」もう１つは「顧客に提供するサービスのレベル」である（図６）。

図６ 銀行評価の視点

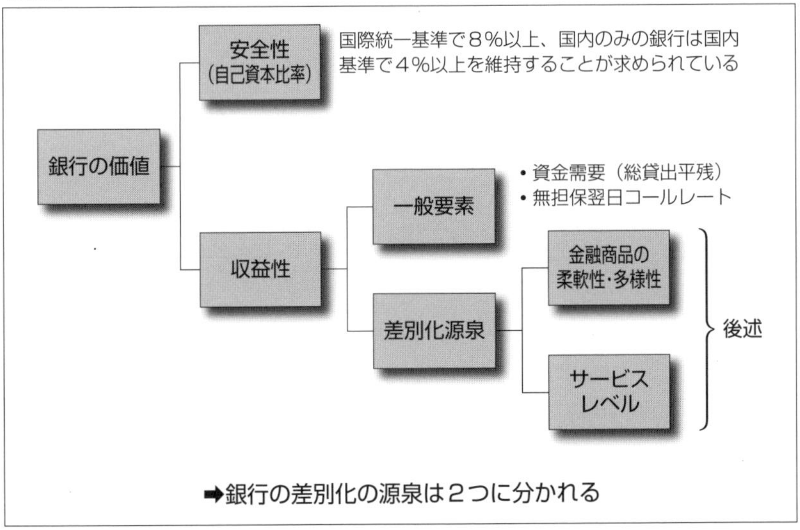

・デット型からエクイティ型へ

金融商品の多様性とは、端的にいえばお金の提供方法のバラエティをさす。

一般に、金融業が提供するお金には２種類ある。いわゆるデット（融資）と、エクイティ（投資）である。言葉は難しいが、両者の違いは実は意外と単純である。

デット（融資）とは、提供先企業の業績とは関係なく金利を受け取るモデルで、エクイティ（投資）は業績に連動して比例的に報酬を受け取るというモデルである。中学時代に習った一次関数$y = ax+b$を思い出してほしい。yを金融機関が得る配分、xを企業が稼ぐ利益とすると、デット（融資）は、$y = b$ということだ。これは、企業が稼ぐ利益xがいくら変わっても、銀行の取り分yは変わらないことを意味する。一方、エクイティは$y = ax$で、x（企業が稼ぐ利益）に比例して、y（銀行の取り分）が変動するモデルである（図７）。

その他、転換社債や優先株など、さまざまな資金提供の形態があり、新聞を見ればみるほど混乱する人も多いだろうが、要するに、資金提供の方法は、１次・２次の関数の変形式に過ぎないと考えればよい。金融商品は今後もますます増えていくが、**その本質は、顧客の資産や将来キャッシュフローを担保にして資金を融通し、それを回収する仕組みが多様化しているに過ぎない**のである。

日本の商業銀行は、これまで基本的に「大家さん」だった。大家さんは、誰がどのように住んでいようが、毎月決められた家賃さえ払ってもらえれば文句はない。これは、顧客の利益に参画するのではなく、その資産を担保に、利息だけを請求するモデルである。

しかし、今の主体は、顧客の利益に比例して自らの収益を求める渋谷のファッションビル「109型」である。109では、入居するテナントに働きかけてともにビジネスを促進し、その利益に応じて自らもリターンを

図7 デットとエクイティ

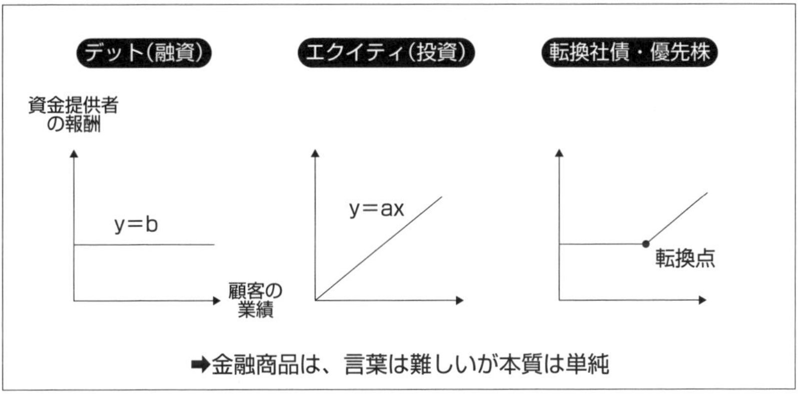

➡金融商品は、言葉は難しいが本質は単純

得るモデルである。今や銀行であっても果敢にリスクをとって顧客のビジネスと関わっていくことが求められているということだ（次ページ図8）。

・銀行もサービスの時代へ

一方のサービスレベルも、銀行の収益性に大きな影響を与える要素である（図9）。

サービスレベルの第一段階は御用聞きである。御用聞きとは、顧客から「お金を貸してくれ」といわれてはじめて商品を提供する、一番原始的な金融モデルである。護送船団方式で各行の差別化がない時代には、ほとんどの銀行が御用聞きで事業が成り立っていた。

サービスレベルの次の段階は、気の利く番頭役である。番頭である銀行の担当者は事前に資金需要を見極め、必要な資金額などを算定、提案することになる。リレーションシップ・バンキングというキーワードは、この“気の利く番頭になろう”という掛け声に近い。

さらに進んだサービスとは、顧客の資金需要を満たすのではなく、顧

図8 新たな金融サービスの可能性

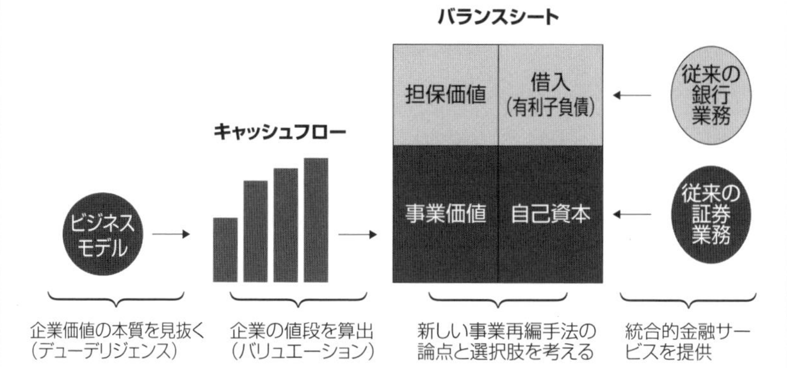

➡今後は統合的な金融サービスの提供が必要

図9 金融機関のサービスレベル

	第1段階	第2段階	第3段階
金融機関のサービスレベル	御用聞き	番頭役	パートナー
相手の状態	• 問題も答えもわかっているので、実行してもらいたい	• 問題はわかっているが、解決策がわかっていないので、考えてもらいたい	• 問題は何か？その解決策は何があるのかを、一緒に考えて、実行してもらいたい
相手の担当者	• 30代の現場担当者	• 財務担当者	• 経営者・ＣＦＯ
提供するサービス	• つなぎ融資	• 設備投資、事業投資	• 事業戦略 • Ｍ＆Ａ • 経営顧問

➡今後の市場争いは、サービスレベルを中心に行なわれるだろう

客の経営課題の解決を行なうパートナーとなることである。具体的には、M＆Ａを含む合従連衡・戦略的提携の促進、販路の拡大サポート、経営管理体制の拡充サポート、相続・組織変更に関するコンサルティングサポートなどを執り行なうことだ。

これら一見、銀行業務とは無関係な領域についての高度な知見やネットワークを駆使してはじめて本来の金融業務を提供できるのである。今後の市場争いは、貸し出し金利の高低ではなく、サービスのレベルを軸に行なわれることになるだろう。

•地域密着型のソリューション営業

では、以上の視点から横浜銀行を評価してみよう。すでに説明したように、銀行業の付加価値の源泉は、商品の多様性とサービスレベルである。軸は商品でもサービスでもかまわないが、今後は、より付加価値の高いサービスを提供できる金融機関だけが残っていくことだけは確かである。

全国展開する都市銀行では、金融商品の多様化・柔軟性の拡充による金融サービスの総合的提供体制が鍵である。実は、各都市銀行とも商品はさまざまにとりそろえている。だが問題は、その提供体制にある。縦割り組織的な問題から、顧客に対して柔軟な金融サービスを提供できていないのが現状である。したがって、都市銀行が取り組むべきは、数々のしがらみを排除し、証券も含めた横断的な組織体制と人事制度の改革を行ない、機動的な商品提供体制を確立することであり、そのような内的な変革が進んだ金融機関にこそ投資家は資金を投入していくだろう。

では、地方銀行である横浜銀行はどうか。答えは、サービスレベルの圧倒的な追求にある。地銀は単純な融資合戦では体力と信用力があるメガバンクに勝てない。また商品のバラエティについては、本部機能がきわめて強い全国展開の都銀や、金融商品設計力を持つ外資系と戦うのは難しい。

顧客接点に強い地方銀行は、顧客とのリレーションをさらに強化して単なる金融を超えたサービスを提供できなければ勝てない。そのためには、地域の優秀な人材を囲い込んでいる地方銀行の利を生かし、銀行とその融資先である顧客がwin-winになるような課題解決型のビジネスを展開しなければならない。

それは、お金を提供するということではない。顧客のビジネスを真に理解し、そこに参画（コミット）する、ということである。つまり、現

図10 金融各社のポジション

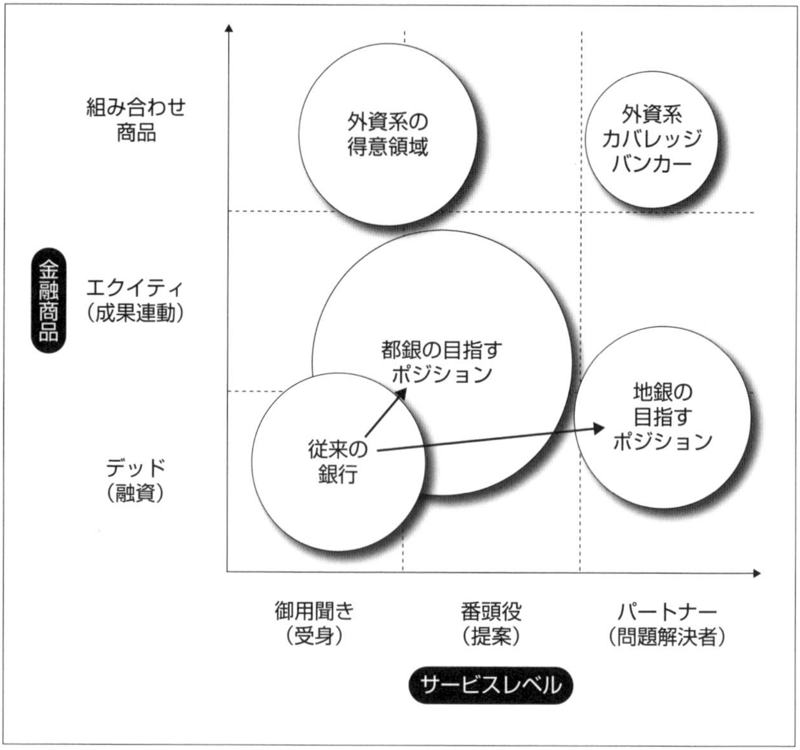

代の総合商社が行なっているビジネスである。総合商社は、すべてのビジネスは異なる個性と成功要因を持ち、歴史も違えば、企業文化も異なることを理解している。そのような企業の多様性を前提とした個別対応力をつけられる地銀だけが残っていくだろう。

■まとめ

銀行は、これまで社会的インフラとして特別の扱いを受けてきたし、銀行側も、厳しいビジネスの競争というよりは社会的使命を優先させてきたきらいがある。だがこれからはそうはいかない。単純な資金融通が求められる時代は終わった。それぞれが独自のポジションをとってガチンコの勝負をしなければ生き残れない時代になるだろう。単なる融資の拡大ではなく、商品の高度化と、高いサービスレベルを持つ銀行だけが勝利する。

投資すべき銀行は、２種類しかない。グローバルプレーヤーと戦える力を持つ都市銀行か、ローカルで独自性を打ち出している地方銀行である。前者は、金融商品を生み出す「メーカー」であり、後者は、信頼のおける「サービス業」となっていくだろう。いずれにせよ、金融業の枠にとらわれず、事業を発展させられる企業こそ真に価値のある企業だということだ。

デットとエクイティ

この章では銀行を取り上げたが、はたして、企業がお金を調達するとき、銀行から借りるのか、株を発行して調達するのか、どちらがいいのだろうか？

銀行が、貸したお金に基づいて利子を取るのに対し、投資家は、稼いだお金に基づいて報酬を受ける。

では本題の、どちらが高い報酬を期待してくるのか？　という問題だが、その答えは株主である。なぜなら投資家がもらえる報酬は、企業の生み出す成果に依存してブレるからである。このブレのリスクをかぶる分だけ、高い報酬を要求するのである。

銀行の利子は担保の有無などで違うが、今は３％程度だ。一方株主の求めるリターンは８％くらいであろう。すると、銀行と株主が半分ずつ資金を出している場合、その平均は６％となる。だいたい日本の会社の資金調達コストは、６％前後である。この資金調達コストをWACC（ワック）という（WACCについては、189ページのコラム「率で考えること」で詳しく紹介する)。

では、コストの低い銀行からばかりお金を借りればいいのかというとそう簡単にはいかない。借入の金利は株主資本コストよりも低いのは事実だが、かといって借入を増やしすぎると、稼いでいないうちから利子を払わなければならなくなって、倒産する可能性もあるからだ。

したがって、企業は最適な資本構成を考える必要がある。その際に考えるべきポイントは、「稼ぎ（キャッシュフロー）の大きさ」と、「キャッシュフローのブレの大きさ」である。

まず、スポンサーが出しているお金に対して、十分な稼ぎの額があるかどうかを見極めなければならない。

次に、キャッシュフローのブレの大きさを見る。景気に左右されたり、取引先に依存したりで、稼ぎの額が年々変わる会社では、あまり大きな借金を抱えることはできない。これも気をつけるべきポイントである。図11をご覧いただきたい。

①の企業は、最初はキャッシュが生まれず、徐々にキャッシュフローが生まれるモデルである。これは開発型のベンチャー企業に多い。こういう会社が銀行をスポンサーとしたら、（稼ぎにかかわらず、一定の利子が請求されるので）キャッシュフローが立つ前に利子が

図11 デットとエクイティのバランスは、C/Fの動きに依存する

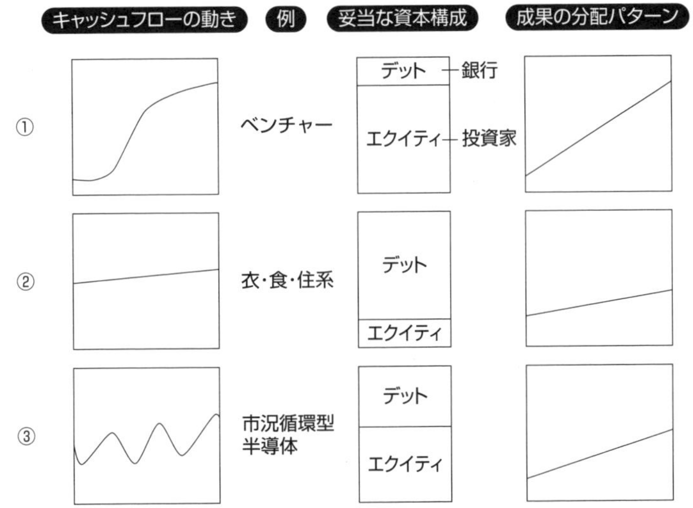

➡キャッシュフローの創出パターンによって、とるべき資本構成は変わる

払えなくてつぶれてしまう。したがって、ほとんどのお金を投資家から集めることになる。

②の企業は、常に安定してキャッシュが生まれている。このように需要や業界構造が安定している企業であれば、スポンサーは、常にコストが一定である銀行がいいだろう。

③の企業は、循環型の事業を展開している企業である。このような企業では、銀行・株主からバランスよく調達していけばいいだろう。

2005年以降、日本でもM&Aが盛んになっているが、なかでも食品など、衣食住関連の企業が外資ファンドから狙われる。

先ほど述べたように、一般的に株主のほうが銀行よりも高いリターンを期待する。その期待に沿えなければ株価が下がってしまうので、企業は期待に沿うためのコスト（配当など）を支払わなければならない。そのコストは、期待の分だけ銀行から借りる時の利子より高くなり、自己資本比率が高ければ高いほど、企業側としてはトータルの資金調達コスト（WACC）が高くなってしまう。だからそのような会社は、本来であれば調達コストを下げる施策を打ったほうがいいのであるが、そのままになっている会社が日本の食品会社などには多い。

外資ファンドは、このような会社を買収し、自社株買いや配当をすることでさっさとお金を株主（つまり自分）に返す。自社株買いをするために足りないお金は、銀行から安く調達する。もちろん、買収資金そのものを銀行から借りるという手もある。こうすることで安く企業を手に入れられるというわけだ。

東燃ゼネラルという会社は、借金をしてから自社株買いをしたという過去を持つ。株主からの資金調達は高いリターンを求められる。だから借入でお金を集め、発行している株を自ら買って引き取ってしまったのだ。普通の日本人なら、「借金は悪」という感覚が染み付いており、違和感があるかもしれないが、このような手法を使ってWACCを下げる企業も実際に存在するのである。

もう1つのケースを見てみよう。ドリームインキュベータ（DI社）というベンチャーキャピタルがある。この会社の収益性はきわめて高い。ところが借入を一切行なっていないためにWACCが高い。もしDI社が株主価値をさらに創造するとなると、借入を行ない、WACCを下げるという手法も検討するべきであろう。

同社は、2007年の3月期に配当を出すということを決議した。これに対し、元ハイパーネットの板倉氏は、「資本コストを認識せよ。われわれは高いリターンを求めて、同社に株主資本を提供しているのだ。配当をやめて事業に投資することで株主価値を最大化せよ」という主旨の表明をした。これに対して、DI社の社長である堀氏は直筆の表明を出したのだが、このような株主と企業側との積極的な対話が行なわれることはとても重要なことだと思う。

・本質的な解決策は何か？

現実問題として、日本ではまだほとんどの企業がこのWACCを意識していない。付き合いでお金を借りたり、増資してお金を調達してそれを借金の返済に回したりする。ひどいケースだと増資で調達したお金を配当として払ったりする場合もある。

企業の目的は事業で利益を出すことだけではない。そのための資金を安く調達してさらに事業を発展させることも非常に重要なことである。その意味で、CEOは最高の資本政策家でなければならず、WACCの概念を正しく理解し、投資家・銀行との間で長期的な信頼関係を築かなければならない。

よい意味でも悪い意味でも資本政策に長けた会社がある。言い方によっては、投資家をだましている場合もある。高いビジョンと将来性を掲げ、株価を吊り上げるケースである。収益性やキャッシュフローを投資家が見抜けなければ、このような会社がのさばるのもやむを得ない。しかし、いつまでたってもキャッシュフローを生まないのに、あいかわらず高い株価を維持している会社が、日本には存在する。

投資家が未熟なのか、会社のお化粧が上手なのか。両方かもしれないが、このような事態が続かないことを強く祈るばかりである。

case study

8

ミクシィ

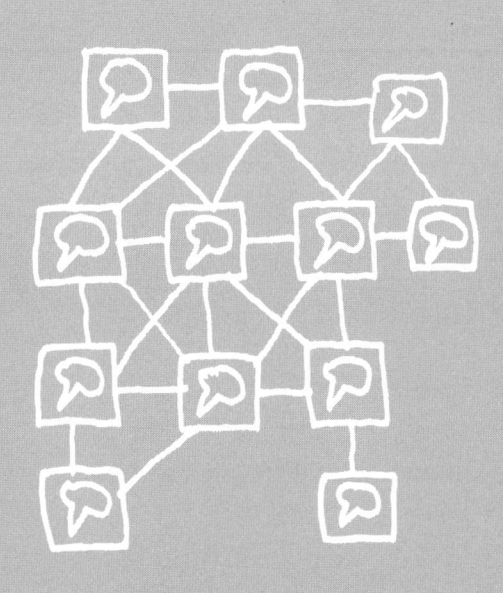

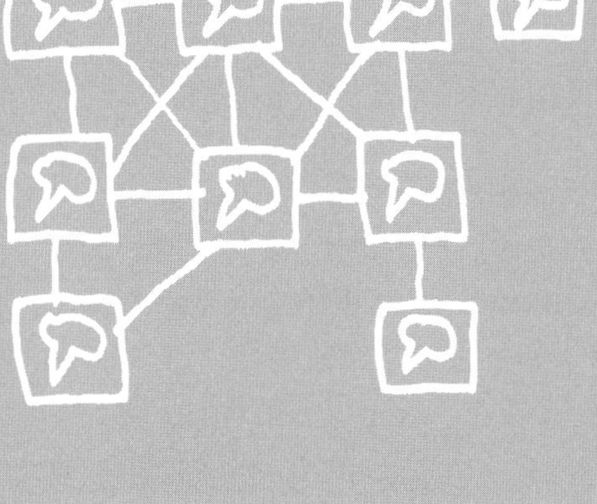

◉分析する企業

ミクシィ

情報産業／2121（マザーズ）

◉企業を見る視点

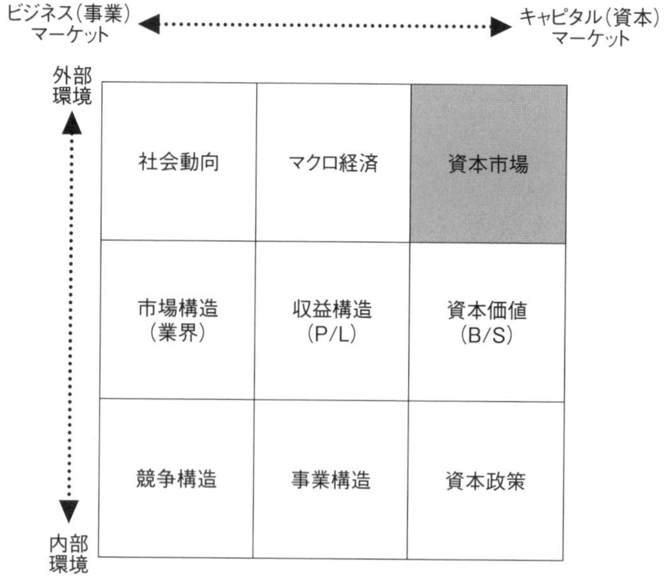

資本市場（相場）に着目する例としてはミクシィを取り上げる。ライブドア事件、アイ・エックス・アイの粉飾による上場廃止などによって、個人投資家は新興市場から撤退した。はたして新興企業投資はギャンブルなのか。ここでは、新興市場と上場企業の特徴を明らかにし、これらの会社に投資するための視点を考えてみよう。

■会社概要

➡収益の7割がSNS「mixi」

ミクシィは2006年９月に上場を果たした新興IT企業であり、国内最大のSNS「mixi」とIT系の求人サイト「Findjob!」を運営している（以後、会社を表す時は「ミクシィ」、SNSを表す時は「mixi」と表記する）。2005年３月期には、収益の９割以上をFindjob!事業からあげていたが、今は収益の７割をmixi事業が創出するようになっており、収益構造に変化が見える。売上も前年比177％増と一気に増加させており、その時価総額は2007年３月時点で約1,300億円である。

この価格を見て、あなたは高いと思うか？　それとも安いと思うか？それを判断するには、mixiの企業価値を見極める必要がある。

■ミクシィの収入構造

➡PV（ページビュー）で決まる広告収入

まずは、ミクシィが、将来生む利益から評価してみよう。もちろん、爆発的な成長を遂げるIT関連企業の将来を見通すことは困難だ。だからといって、丁寧な解析を行なわずに投資をするのも適切ではない。ネット新興系企業を分析する際には、爆発的な収益拡大の源泉が何に立脚しているかを把握する必要がある。

ミクシィの場合、利益の源泉はmixi事業による広告収入および会員収益であり、その価格を決定するのはテレビでいう視聴率、PV（ページビュー）数である。

mixiの月間PVはパソコンが約69億PV、携帯が約40億PVと、検索大手のYahoo! JAPAN（月間410億PV）の４分の１程度まで拡大している。ネット関連の調査会社ネットレイティングスの調べによると、月間PV

図1 ミクシィの収益構造を考える

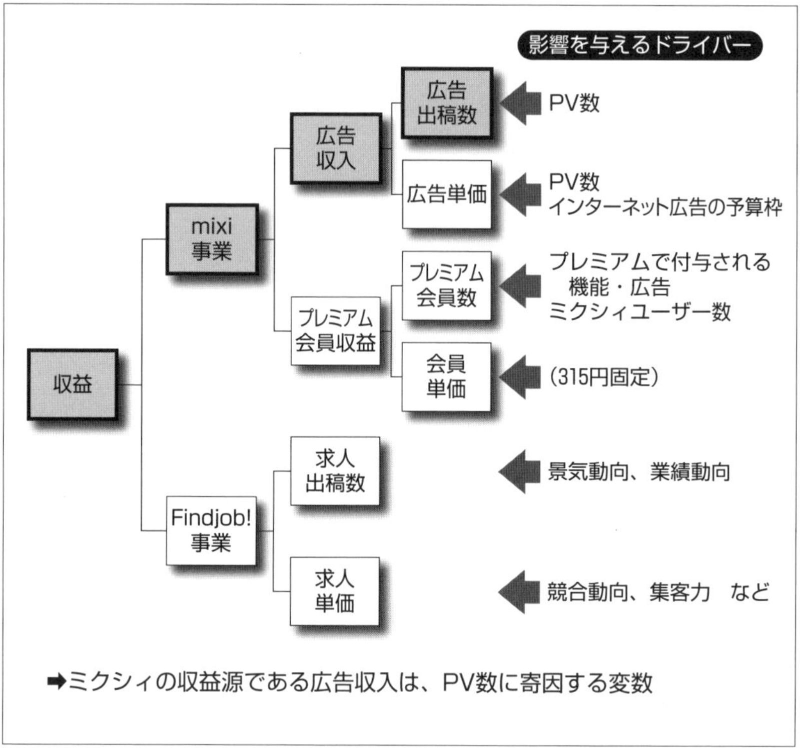

数においてmixiはYahoo!に次いで２位である（３位は楽天、４位はGoogle、５位はFC２）。メディアとしてのmixiの価値は格段に高まってきているといえる。

ミクシィに限らず、現在のネット系新興企業の多くはその収益の源泉を広告収入においている。Googleの１兆円にものぼる売上の99％は広告収入である。メディアとしての価値が高ければ高いほど、広告料が高くなり収益が高くなる仕組みである。

IT企業における企業価値評価

➲DCF法と類似会社比準法

では、ミクシィの企業価値評価を具体的にやってみよう。企業価値評価の方法は、45ページで述べたように一般に大きく分けて次の３つである。

①今、所有している資産から評価する（ストック）
②将来生む利益から評価する（フロー）
③同業の価格と比較して評価する

このうち、①の方法は、新興IT関連企業には適さない。なぜなら、これから価値を生み出そうとしているのであり、これまでの資産の蓄積には意味がないからだ。したがって、新興企業については、②および③の方法をとることが適当であろう。

②、③の考え方は、企業価値を算出する際の王道の考え方である。②は収益構造を分解して将来どのくらいのキャッシュインが見込めるのかという視点、③は類似会社の株価水準と比べて当該企業の価値を算出する、「類似会社比準法」という方法として広く一般に知られているものである。それぞれ具体的に見ていこう。

・将来生む利益を評価する

インターネット広告の市場はどれくらいの規模があり、どのような成長を遂げるのであろうか。より大局的な視点から市場環境を冷静に分析してみる。

まずネット人口の規模である。総務省の『平成18年通信利用動向調査』によると、日本のインターネット利用者は8,754万人に達し、人口普及

図2 インターネットのメディアパワー①

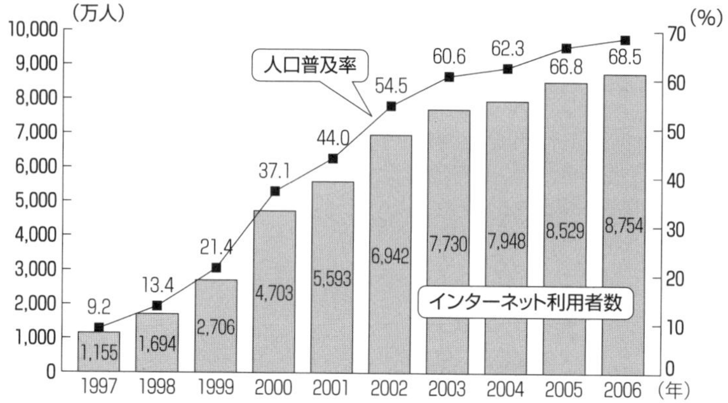

(注)年末の推計。インターネット利用者数は、パソコン、携帯電話、ゲーム機等のいずれかでの利用者。
対象年齢は1999年まで15〜69歳、2000年末15〜79歳、2001年以降6歳以上。

(出所)総務省「通信利用動向調査」

➡インターネット利用者数の伸びは止まる。ただし利用頻度・利用の深さなどは上がっていくだろう

率は70%程度に収れんする傾向が見てとれる。つまり、インターネット自体の普及はピークを迎えているということである(図2)。今後は、通信インフラの成熟化に伴って、よりデータ容量の大きな動画などの提供ができるようになり、その利用の「質」に焦点が向かうだろう。

次に、肝心のインターネット広告の市場はどうか。日本の広告費は6兆円前後でほぼ一定である。インターネット広告の全広告市場におけるシェアは、電通総研によると2010年には11.5%、金額にして7,000億円まで拡大すると予想されている。通信インフラが整うにつれて上がり、テレビや新聞などの既存メディアのパイを奪うことは時間の問題である(図3)。

また、mixiのように利用者の属性(年齢、性別など)によって広告を出し分けることのできる媒体は限られており(PV数上位ではmixiのみ)、

図3 インターネットのメディアパワー②

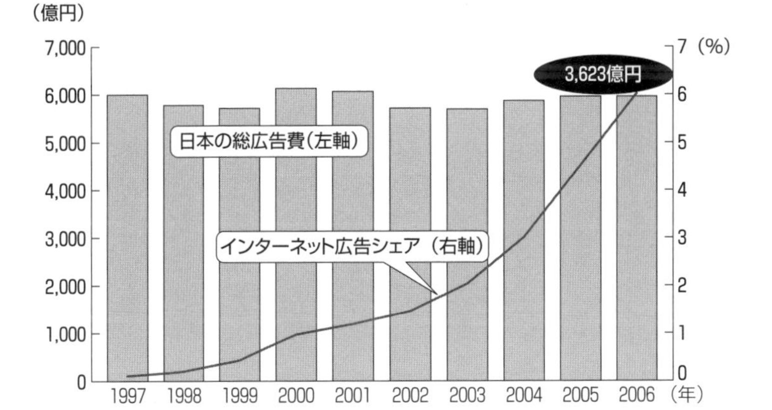

（出所）「日本の広告費」（電通）

➡日本の広告費は、６兆円前後でほぼ一定。インターネット広告のシェアは、通信インフラが整うにつれて上がり、テレビや新聞などの既存メディアのパイを奪うことになるだろう

広告出稿企業側にとっても、mixiの媒体価値は高いと推測できる。

以上、インターネット広告におけるマーケットの概観をつかんだ。では、ミクシィの時価総額である1,300億円という数字はどのような成長を織り込んでいるのであろうか？

実は、この1,300億円は、利益率が変わらず、年間75％で今後５年間売上が成長するとした場合の株主価値（DCF法で算出）に一致する。今の株式市場はミクシィをそのように評価しているということである。過去のミクシィの対前年成長率は177％であるから、実績に比べると低いということになるし、実際、成長率を80％と見込むアナリストもいるようだ（次ページ図４）。

一方で、広告市場全体におけるインターネット広告の割合がすでに６％に達していること、そして現在のmixiのシェアおよび順位（PV数

図4 成長率と価値の関係

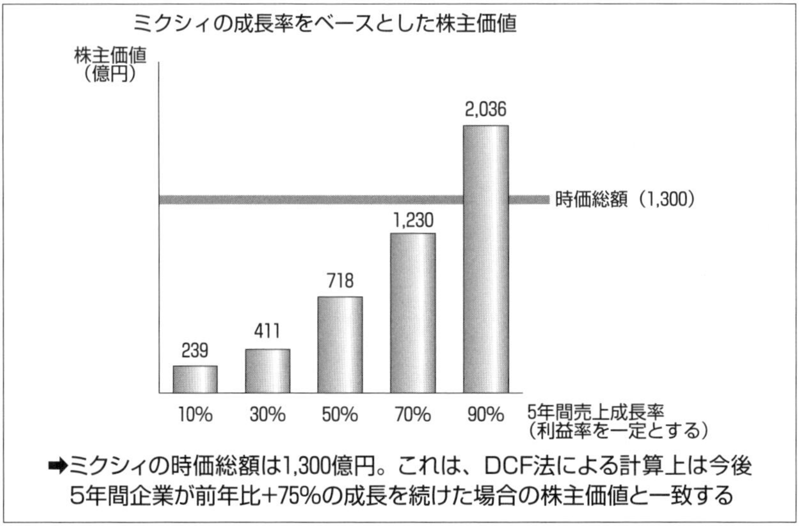

100億、PV順位で２位）を考えると、「現状のビジネスモデル」の延長だけでは75％の成長が５年続くことは難しいかもしれない。

ここまでの計算はあくまで「ざっくり」としたもので、もちろん、収益は単純にPV数に比例するわけではない。有料のプレミアム会員の増加や、滞在時間が長くなるなど、収益に影響するドライバーは他にもある。ここでは、大局を見据え、常識で判断することが大切だということを述べるにとどめたい。

・同業と比較する

次に、同業他社との比較においてミクシィの株価の妥当性を検証してみよう。日本国内ではSNSのみで上場している会社はないため、米国の例を使うことにする。比較対象はMyspaceである（図５）。

Myspaceは米国の有力SNSサービスで、2005年８月にニューズコー

図5 ミクシィと同業他社との比較

	Myspace（2005年8月）	ミクシィ（2007年6月）
時価総額（100万円）	69,600.00	114,200
月間PV（100万項）	11,900.00	10,900
ユニークユーザ（100万人）	58.60	10.60
年間全ユーザ利用時間（100万時間）	1,465.00	220.00
平均滞在時間（分/1回）	25.00	20.80
1PVあたりの価値（円）	0.49	0.87
1ユーザあたりの価値（円）	1187.71	10,773.58
1時間あたりの価値（円）	47.51	519.09

➡買収されたMyspaceの時価総額と比較すると、ミクシィは約２倍。月間PV、ユニークユーザ数の差から、ミクシィはやや割高と見られる

ポレーションにより696億円で買収された。今回はこの買収価格を１つの目安としたい。買収当時のMyspaceの月間PVは現在のmixiとほぼ同じである。ユニークユーザ数を見るとMyspaceはミクシィの約６倍あった。にもかかわらず、買収価格は、現在のミクシィの時価総額の約半分であった。

もちろん、資本構成の違い等があることが予想されるため、単純な比較はできないが、ユーザ数やPV数から考えて、現在のミクシィの時価総額が高い水準にあるといえるのではないだろうか。

資本市場の視点から

日本の新興市場の特徴とは

ところで、なぜこのミクシィのように、「常識的に」考えられる企業価値と株価（時価総額）が乖離することが起こるのだろうか。

ここで日本の株式市場の性質についても言及しておきたい。米国など

図6 株価を形成する企業の「価値」と市場の「機嫌」

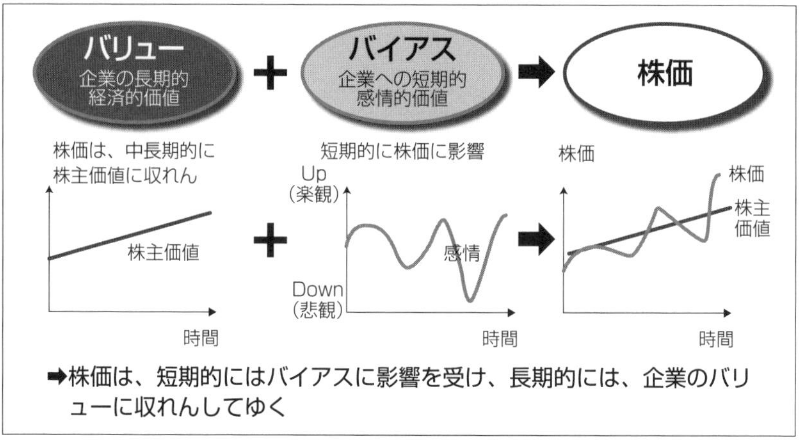

と比較すると日本の株式市場（特に新興市場）はまだ成熟したとは言いがたい状況なのである。これを理解しなくては投資で成功することはおぼつかないのだ。

・株価は相場の「機嫌」で構成される

一般的にいって株価は、相場の「機嫌」と、企業の「価値」によって構成される（図6）。一部上場企業の場合には、概して、株価は価値の周辺を「ゴムひも」のように行ったり来たりするものだが、新興企業の場合はそう簡単ではなく、株価が企業価値からかけ離れてしまうことは少なくない。

・上場後はずっと低迷状態に

新興市場への上場時点では、その企業のばら色の将来を予想して、実態価値を大幅に上回る株価がつくのが通常だ。だから、個人投資家がこぞってIPO株を手に入れようとする滑稽な「宝くじ現象」が往々にして起こる。その後の株価は、IPO時点の株価を天井としてなだらかに低落し、もし企業が次の一手を持たなければ株価は二度と上がらないという事態になってしまう。一過性のヒットによって上場までこぎ着けたものの、継続的な価値創造サイクルを持たない企業に多いパターンである。

しかし、資本市場が日本より成熟した米国では、IPO時点もその後も、株価はあまり傾斜しない。つまりわが国においては、新興市場は、単に投機のためのカジノ場と化しているのである。

このような新興市場の問題は、企業価値に対する知識が不足している個人投資家と、投資資金の金余り現象を利用しようとしている資本市場の運営者、そしてIPOによって利益を得ようとする金融業者という三者の思惑によるところが大きい。端的にいえば、今の新興市場は、知識のない個人投資家から、市場のプロがお金を巻き上げる場だということだ。そもそも、真に成長のための原資を調達して次なる発展を目指す企業など、そう多いわけではなく、そのような企業は通常の市場にも十分に上場する力を持っているものである。

・成長は罪か？

ただ、成長著しい新興企業にとって高株価は生命線ともいえるものだ。特に、先行投資を必要とする事業の場合には、株価を維持し、機動的に低コストで資本調達できるための体制を整えておく必要があるし、買収されるリスクに備えて高株価を維持しなければならない。

高株価を維持するためには、文字通り利益を創る必要がある。こういったインセンティブ（動機）が働きやすいのが新興企業である。つまり、粉飾や創造的会計（クリエイティブアカウンティング）によって利益を創り出し、株価を維持し走り続けるという構造に陥りやすいのである。

実際、ネット系新興企業は、アグレッシブ（積極的）な会計方針を採用している会社が多い。それは、費用の資産計上や特損での費用計上な

図7 成長か、停滞か？

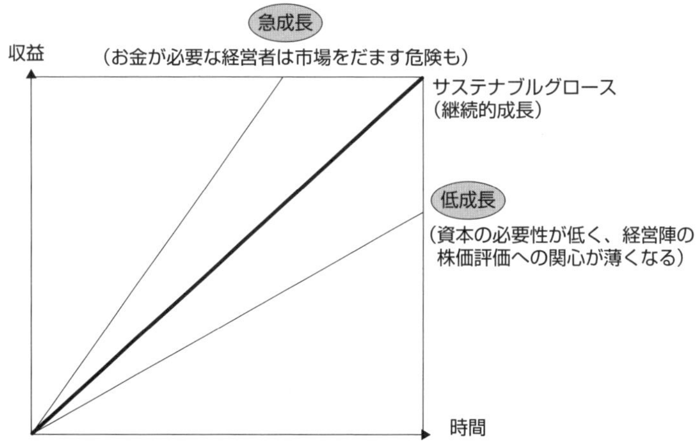

➡低成長の会社は、資本政策に疎い可能性があり、急成長の会社は、市場を欺く危険性がある

ど、一般個人投資家にとってはブラックボックスになりやすい手法である。これらの会計手法の存在にはくれぐれも注意が必要である。

逆に、成熟企業の中には、過去の投資によって継続的にキャッシュが生まれる仕組みが整っているために、資金需要がなく、結果として投資家還元やIRをおろそかにする企業も多い。

要は、サステナブルグロース（継続的成長）のためにバランスよく、調達→投資→回収→還元を進める企業がよいということになる（図７）。

■ミクシィの投資状況

➲なぜ国債を買ったのか？

では、はたしてミクシィは本当に割高だといえるのだろうか。

現状の延長線上で考えると、前述したPV数をもとにした利益成長の可能性や、同業比較における企業価値評価の通り、ミクシィの株価は決して低い価格とはいえない。しかし、もしミクシィのビジネスモデルが今後進化し、発展する可能性があるとすれば、現状の株価も妥当であるといえるかもしれない。ここではその可能性について検証する。

面白いことに、現在のネット№1企業のヤフーと比較すると、実は、ミクシィの売上・利益・利益率等は、2000年当時のヤフーと似ている（次ページ図8）。ヤフー自身は、継続的にビジネスモデルの進化を続けてきた企業である。ミクシィはどうだろうか。

外部からビジネス戦略を見抜くことは難しい。したがってここでは、一般に得られる財務情報の視点から考えたい。

新興銘柄の財務的観点からの分析はキャッシュフローの動きに尽きる。図9に新興3社の投資の内訳をまとめた。

まず、楽天のキャッシュフローの動きを見てみよう。2000年から2006年まで、営業キャッシュフローが出ておらず投資を繰り返していることがわかる。増収増益を繰り返してきたが、実際は本業でキャッシュを稼ぐことができなかったのである。2007年12月決算の半期決算において、はじめて減収減益を発表したが、キャッシュフローを見ていれば、上場時の資金をM＆Aに回し、規模を拡大させること（増収増益を達成すること）に集中した結果、本業では稼げない事態に陥ってしまっていると推測することができた。一方、ソネット・エムスリーは投資と回収をうまくバランスさせて成長していることがわかる。

ミクシィの場合、上場後まだ日が浅く、十分な財務諸表がないため、正確な分析は困難だが、営業キャッシュフローは創出されており、本業では稼げていると判断することができる。しかし、2007年３月期の決算

図8 ミクシィは未来のヤフーか？

ヤフーの業績の推移

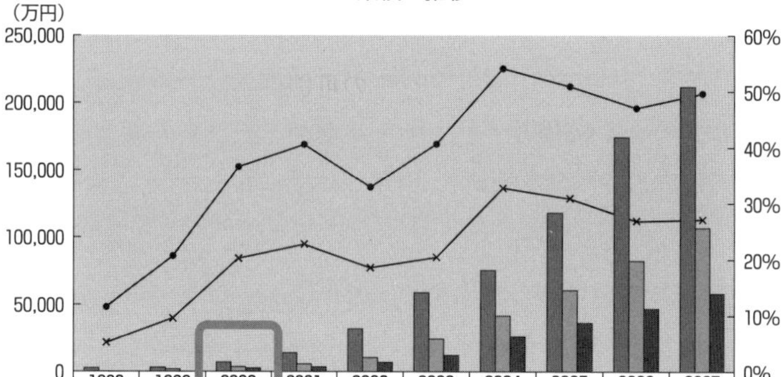

	1998	1999	2000	2001	2002	2003	2004	2005	2006	2007
売上高	1,269	1,915	5,696	13,039	31,497	59,095	75,776	117,779	173,695	212,552
営業利益	146	399	2,110	5,308	10,406	24,072	41,211	60,187	82,133	106,232
純利益	64	184	1,154	2,972	5,868	12,096	24,826	36,521	47,090	57,963
営業利益率	12%	21%	37%	41%	33%	41%	54%	51%	47%	50%
純利益率	5%	10%	20%	23%	19%	20%	33%	31%	27%	27%

ミクシィの業績の推移

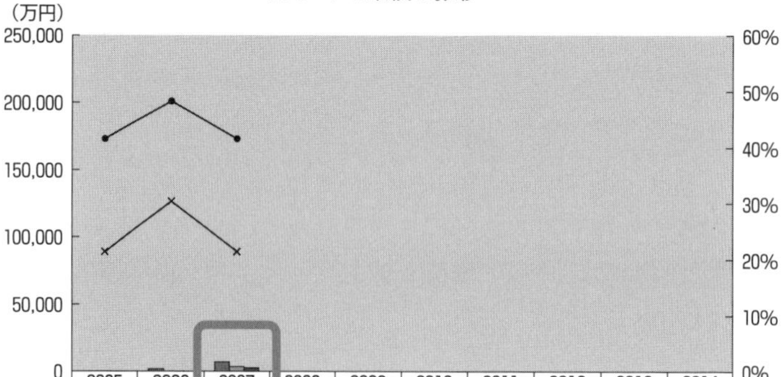

	2005	2006	2007	2008	2009	2010	2011	2012	2013	2014
売上高	738	1,893	5,247							
営業利益	164	912	2,184							
純利益	96	576	1,118							
営業利益率	42%	48%	42%							
純利益率	21%	30%	21%							

➡ミクシィの業績は、2007年当時のヤフーの業績に似ている

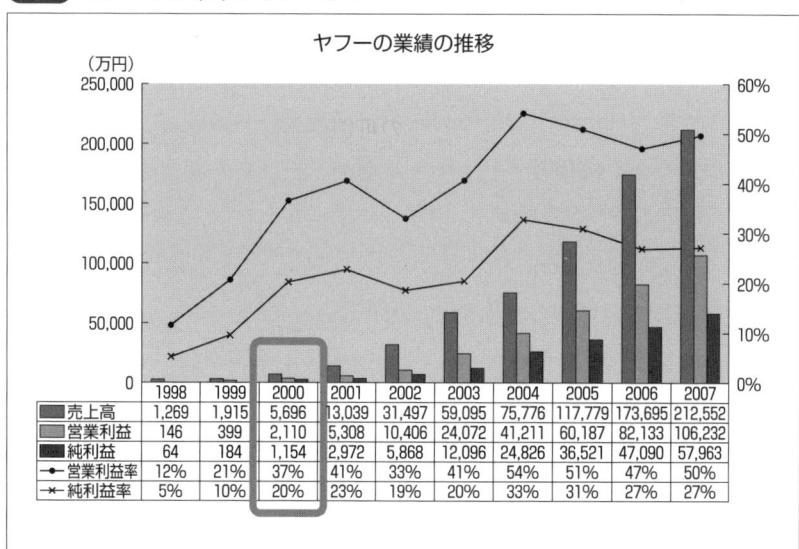

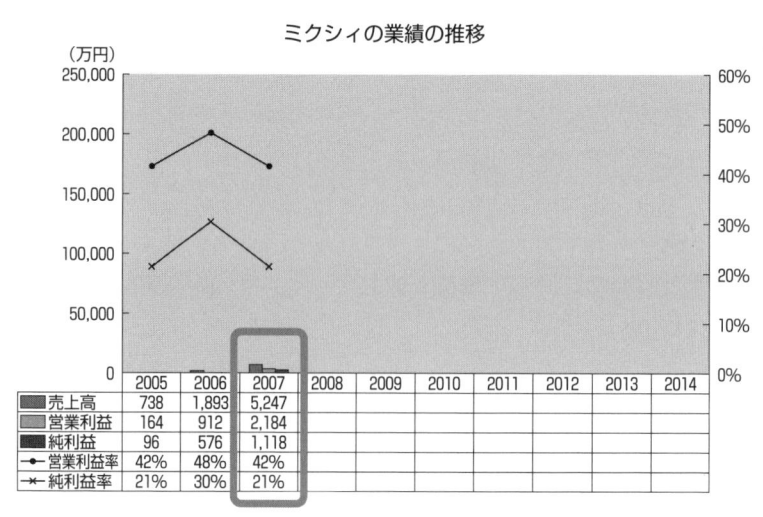

図9 新興3社の投資の内訳

楽天

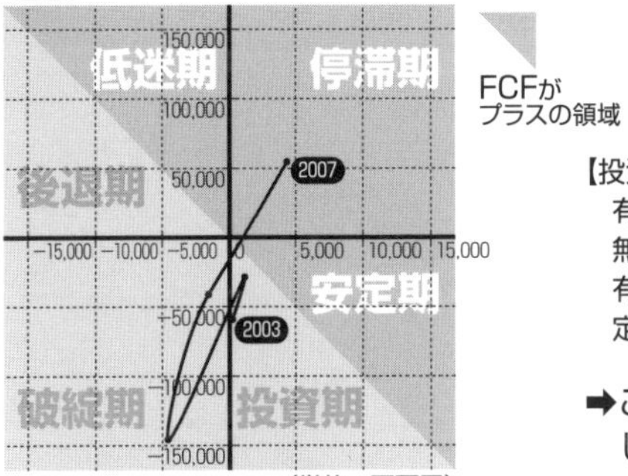

(単位：百万円)

【投資キャッシュフローの内訳(2007年)】

有形資産	▲35億円(不動産)
無形資産	▲114億円
有価証券	666億円
定期預金	▲7億円

➡これまでに買っていた資産を売却して資金を工面

ソネット・エムスリー

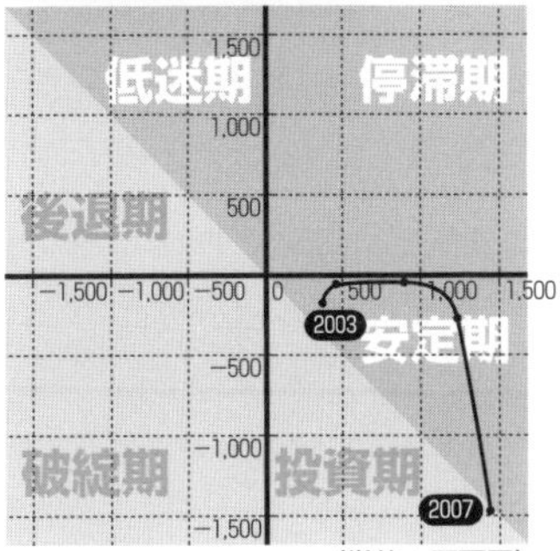

(単位：百万円)

【投資キャッシュフローの内訳(2007年)】

有形資産	▲6,150万円
無形資産	▲5,109万円
有価証券	▲1億5,550万円(関連会社出資)
買収費用	▲7億9,192万円(MDLink、Inc.)
定期預金	3億2,978万円

➡積極的に事業投資を行なっている

ミクシィ

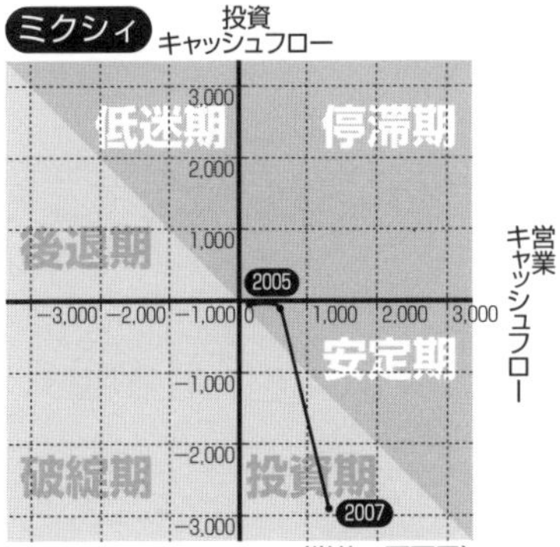

(単位：百万円)

【投資キャッシュフローの内訳(2007年)】

有形資産	▲6億円
無形資産	▲8,279万円
有価証券	▲19億円 (短期国債▲29億円)

➡事業投資先はなく、国債を買っている

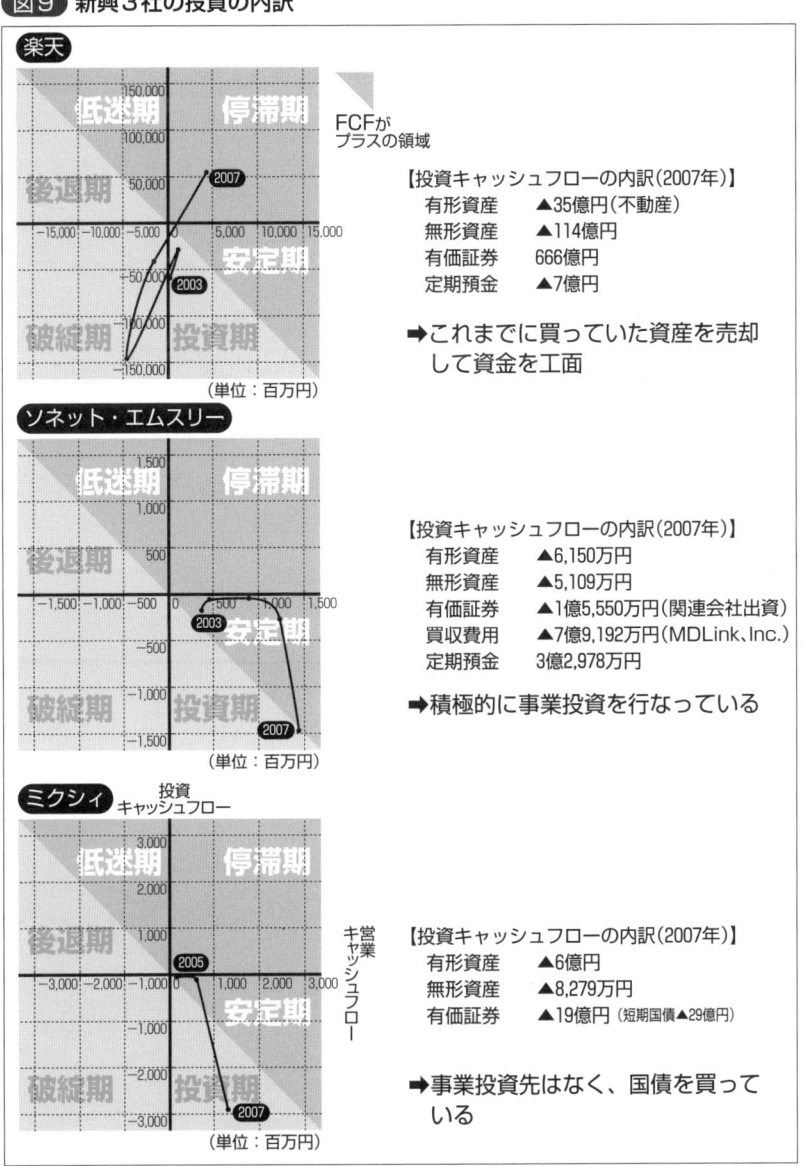

を見ると、大きく投資キャッシュフローが出ている（つまり投資をしている）ことがわかる。これは上場で得た資金を投資に回していると考えられるが、その内訳は何だろうか。有価証券報告書を丹念に見ていくとそれが「国債」であることがわかる。国債を買うということは、一時的に集めた資本を「寝かせる」ことを意味している。ミクシィは現時点では事業投資をしていないということだ。

もちろんネット関連銘柄では、資本よりも技術やアイデアが価値の源泉となることが多く、単純に投資キャッシュフローの動きから、事業展開の積極性を予見することは難しいのだが、１つの有効な視点であることは間違いない。また外部からその事実を確認する方法もこのような財務分析に限られる。そして逆に、技術やアイデアこそが価値であるならば、上場によって資金を調達する必然性は薄く、上場が創業者利益の顕在化という評価をされてもやむを得ないだろう。

以上を勘案すると、ミクシィの次の明確なビジネスモデルは見えていないということになる。しかし、現状のビジネスの延長線では現在の株価は割安とはとても言えない状況にある。次の一手に期待したい。

■IT企業への投資のポイント

➲夢と現実をどうすり合わせるか

新興ベンチャーへの投資は難しい。まず、そもそも立ち上げた最初のビジネスが成功するかどうかがわからない。仮にうまく立ち上がったとしても、二の矢、三の矢のアイデアが続かなければ、成長のステージを押し上げることができない。無事に中堅企業まで育つのは1,000社に１社と言われている。

もしベンチャー企業に投資をするなら、以下の５点を参考にしていただきたい。

1．ビジョン（志）が大きいこと

結局、経営者の考える事業の「器」の大きさまでしか事業は育たない。なぜなら、人は思っていることしか実現できないからだ。だから、経営者を見る最初のポイントは、「この人はどこまで大きな物事を達成しようと考えているのか」を見極める必要があるということだ。もし大きな理想の実現を確信しているのであれば、そこに至るまでに紆余曲折はありつつも、最後は必ず実現するだろう。

また経営の目的が、目の前のお金でなく、社長の原体験に根ざしているほうが長く続く企業に成長すると考えられる。さらに、上場の目録見書を見れば、その上場が次のステップへ「スタート」するためなのか、それとも創業者利益の顕在化という「ゴール」を目的としたものなのかを判断することができる。ビジョンとはそもそも終わりなき理想のことだ。その意味では、上場をゴールとした企業への投資で成功することは難しいだろう。

2．いろいろな価値観を吸収できていること

経営陣の経歴がある程度、分散していたほうが、多様な価値観を吸収できる可能性が高い。管理畑に強い人、開発系、営業系がそれぞれ１人ずつ入っているとバランスがいいだろう。もっとも、価値観の多様化を受容する成熟した文化が育っているベンチャーはとても少ない。

3．お金の使い方が上手なこと

ベンチャー企業は、えてして、その事業面にばかり目が行ってしまい、資本政策がおろそかになりがちだ。株主を無視して１円で１億株の増資をしたり、安易な株式分割を行なうような企業や、IRへの対応が悪い企業へは、投資を控えたほうがいい。株式市場とうまく付き合い、M&Aを繰り返すことで短期に肥大膨張する企業も今後ますます増えるだろ

うが、そのような虚業はうまく続かない。このような企業の利益の源泉は、他人の欲望の上にあぐらをかいたものだからである。

企業にとって肝心なことは、お金を得ることではなく、価値を生み出し続けることである。お金や利益を価値創造の対価としてとらえることである。そのうえで、経理上の計算を精緻に実行し、正しい資本政策を行なう能力が求められているのだ。そこにはベンチャーも大企業も差はない。

４．事業が安定していること

３年間の平均フリーキャッシュフローがプラスで、社歴が10年以上たっているものを選ぶとよい。しかし、こうした企業は、新興市場に上場する企業の５分の１にも満たない状態である。

利益とは、売上から各種の費用を引いた後の株主に帰属する成果であるが、この利益に対する関心が低く、長きにわたって赤字を垂れ流している会社への投資はうまくいかない。運よく１つの製品がヒットしただけの会社で、継続的に価値を生み出すモデルを内部に作っていない可能性も高い。利益は将来の価値創造の糧である。企業が継続的に成長するためには利益に対するあくなき欲求が企業に根付いていなければならない。

５．企業の内部の人、その企業と付き合う人がしっかりしていること

監査法人や証券会社を確認する。よく聞きなれた企業であっても自らの利益のために上場を促すケースは実際多い。ベンチャー企業は、結局、子供を見守る親と同じ視点で見るのが大切だということだ。

有名な株式投資家のウォーレン・バフェットは、人とはまったく逆の思想に立って投資を行なっている。それは、リターンを最大化するので

はなくリスクを最小化する、というものだ。リスクを最小化するためにバフェットが重視しているのは、将来の予測可能性である。過去にしっかりキャッシュフローが出ており、強いブランドを持っていて、将来のキャッシュフローが期待できる企業へのみ投資を行なっている。しかも、自分が理解できない会社には一切投資をしない。

夢や希望をもとに株価の値上がりを待つことは投資とはいわない。それは投機である。バフェットの投資スタイルはきわめて地味であるが、その「退屈さ」が彼の収益の源なのだ。

ベンチャーには夢がある。しかし、その夢と現実とをうまくすり合わせられる企業を見つけることはとても難しいのである。

■まとめ

新興企業への投資は難しい。

１つには、まだ若くビジネスモデルや経営システムが確立されていないときには、その企業の「本質的な価値」を算定することが困難であるためだ。もう１つは、新興市場の特徴による。新興市場は、金融関係者を含むさまざまな企業の思惑によって価格が形成され、これら価格形成ロジックを外部から見抜くことはとても困難だ。

もし、新興企業への投資を検討するのであれば、書生論かもしれないが、その企業の「誠意」と社会的意義、ビジョンの大きさといった定性的要素を十分に勘案する必要がある。そのうえで、本当に信頼できる経営者、キャッシュフローを継続的に生み出すビジネスモデルに投資する必要があろう。少なくとも今日買って明日売る、といったような投資スタイルが通用する世界ではない。５年、10年のスパンでその企業を応援しよう、という気概が必要なことは間違いない。

ソロスの再帰性理論

・価値と価格

これまで、投資で一番大切なことは、企業の価値を見抜くことだ、と繰り返し述べてきた。しかし、株式市場では常に価値と価格が一致しているかというとそうではない。

価値と価格は短期では連動せず、価値の周りを価格がゴムひものように行き来するイメージである。なぜかというと、価格形成は、投資家という「人」によって行なわれ、投資家は、利益の額ではなく利益の「変化」に過敏に反応するからだ。

・株式投資は、ビューティコンテスト

先日、ある雑誌に、タレント人気ランキングが載っていた。そこには、「長澤まさみ」「上野樹里」「沢尻エリカ」などのタレントが挙げられている。ダントツの人気は、長澤まさみであった。この手のランキングでは、投票者は自由に自分の好きなタレントを挙げる。自分の選んだ人が、何位になろうと自分には関係がない。

しかし、株式投資の場合では事情が異なる。投票参加者、つまり株式市場の参加者は、誰（どの会社）が好きかよりも、誰が他の皆から評価され、ランキング順位が高まる（株価が上がる）かのほうが重要なのだ。なぜなら、投資の目的は自分の意思を表明することでなく、利益を得ることにあるからだ。そのため投資家は、「誰を支持するか」ではなく、「誰が皆から支持されるか」を予測し、その銘柄を買う。つまり、「長澤まさみが好きか」ではなく、「皆が評価し、ランキングのトップになるのは長澤まさみだろう」と考えているということだ。

経済学者ケインズは、これを「ビューティコンテスト（美人投票）」と名づけた。株式投資の難しさは、ここにあるといえる。

これをふまえたうえで、利益を上げるために取り組むべき２つの問題を挙げよう。１つは、他の人の嗜好、つまり、他人がどういうものを好むのか、ということを知ることである。具体的には、機関投資家や外国人投資家など、投票券（資金）をたくさん持つ大口投資家動向の把握だ。もう１つは、評価の対象自体に価値があるか、つまりキャッシュフローを生み出す力があるかを見抜くことである。

私は、本来的に投資とは、価値を生み出すものにお金を投じることだと思っている。しかし、市場の「判決」ともいえる株価の存在を忘れてもいけない。私たちは、企業の価値（バリュー）に着目する投資家でありながらも、「なぜ価値と価格は異なるのか」という健全な疑問を持つべきであろう。実際に企業の「実態」を把握することよりも、実態と評価の「差」の正体を知ることのほうが数段難しい。

ここで価値と価格のゆがみを真に理解しようと努めた１人の大投機家を紹介しよう。その名は、ジョージ・ソロスである。

• ソロスはどう儲けたか？

ソロスは、冒険投資家ジム・ロジャースと組んで、クォンタム・ファンドを設立しデリバティブを駆使し、空前の利益を叩き出した伝説の人物である。ファンドの設立当初（1970年）に1,000万円を預けた場合、97年には2,500倍の250億円になっていたというすさまじい成績だ。また、ポンド売りでイングランド銀行を打ち負かした人物としても有名である。

ソロスの投資法は、「再帰性」という独自の理論に基づいてる。

これは、

1．市場はいつも間違っている

2．間違い（バイアス）は、ときに、将来の「現実」に影響を与える

3．そのため、トレンドは続き、ブームが起こる

4．現実と期待の乖離が臨界点に達すると、株価は破裂（バースト）する

という「現実」に対する理解である。

ソロスの話でもっとも印象に残るのは、「“現実”を理解することは難しい。だが、現実を理解しようとすることこそが、自分の信念である」という言葉だ。この「現実」は、とても重要な意味を持っている。なぜかというと、市場は常に「均衡点」に向かっているのではなく、実は「逆方向」に向かっているということを意味するからである。伝統的な経済学の前提は「市場は、常に均衡点を探る効率的なものである」というものであった。しかし彼の再帰性理論はその前提に真っ向から対立する。

ソロスは「間違いが新たな現実を作り出し、間違いを加速する」という。この再帰性を利用して彼は大きな成功を収めた。プラザ合意以降、円が80円台にまで高騰した時、彼はそのひずみを突き、多大な利益を収めたことはよく知られている。彼が「投資家」でなく、「投機家」と呼ばれるのは、再帰する「機」を見極めるからである。ブームで1回、バーストの空売りで1回、1つのテーマで2回儲けることができると彼は言う。

・日本におけるブーム＆バースト

さて、このブーム＆バースト、日本でも同様のことが起きている。ライブドアショックが、「ショック」と呼ばれたのは、ライブド

アの株価と実態との乖離が臨界点に達し、それが一気に弾け飛んだためだ。相場の集団意識がライブドアに対する期待を増幅させ、その高値をもとにライブドアは買収を繰り返し「実際」に大きくなった。しかしある時点で、市場の期待に応えられなくなり、一気に「パンッ」と弾け飛んだのだ。

この章で見た通り、ミクシィは現在の利益水準から見ると割高かもしれない。しかし、ここでの話は、ミクシィが割高であるかどうかではなく、なぜ割高な株価にあるのか、である。その乖離の理由を理解することが、市場に対する理解を深めることになる。つまり、自分がそう思わなくても、多くの人がミクシィを「良い会社だと思うだろう」という予想がつけばミクシィの株を買い、値上がりを待つことは妥当な「投機」戦略といえるのだ、という理解である。

株価は市場参加者の集団意識が織り成すタペストリー（織物）である。現在の“集団意識”は、ミクシィを「買い」と判断しているのだ。そして、ミクシィは１株200万円もするので「分割祭り」が起これば、個人投資家がさらに買いに回る可能性もある（もっとも、ライブドアで懲りたかもしれないが）。

ただ実際には、ミクシィの株主価値が仮に200億円しかないとすれば、今の1,300億円という時価総額は明らかに割高である。その乖離が修正できない点に達するタイミングを見計らって「売り」に回るのが、企業の価値を算定したことによる決定であるから、今度は妥当な「投資」戦略といえる。

バリュー投資とテクニカル投資には優劣はない。

大事なことは、自分は投機をしているのか、投資をしているのかを知っていることかもしれない。投機とは「値動き」に賭けること、投資とは「価値」に賭けることである。

さて、皆さんは、どちらに賭けますか？

case study

9

任天堂

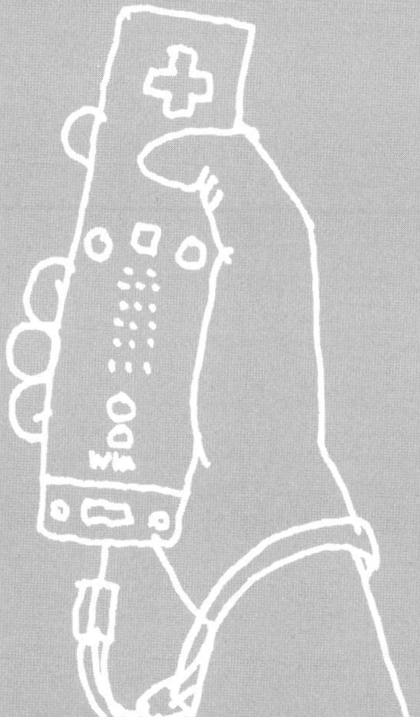

◉分析する企業

任天堂

ソフトウェア産業／7974（大1）

◉企業を見る視点

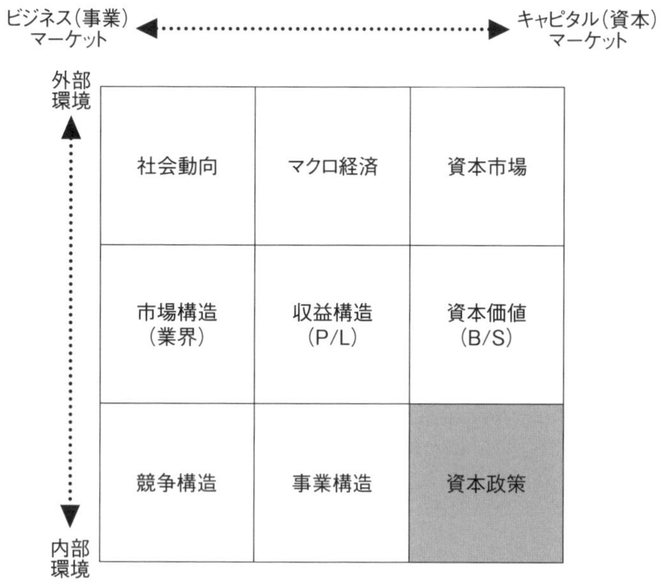

お金の使い方＝資本政策に注目する例として取り上げるのは、ザ・無借金経営ともいうべき任天堂である。同社は、キャッシュリッチ（お金持ち）企業の代表として見られることが多く、確かにB/Sを見ると、なんと資産の80%が現金で占められている。しかし、このような企業は投資家にとってよい会社なのだろうか？

■会社概要

➲かるた・トランプからDS・Wiiへ

任天堂というと、昨今のDS、Wiiのヒットに目がいくが、もともとは、かるた・トランプ類の製造販売を業として発足した。その後、日本で初めてプラスチックトランプの開発に成功、また、ボードゲームや電子トイなど、さまざまなものを世に送り出してきた。現在はゲーム機という分野で活躍しているが、広くエンターテイメントの時流に乗ってきた会社である。

DS、Wiiのヒットにより、株価・売上ともに上昇基調となっている。しかし、「ヒット＝買い」という単純な構造ははたして妥当なのか。ここでは任天堂の投資有望度を、まったく別の視点、すなわち「お金のコスト」という観点から見ていく。

■財務分析の視点から

➲借金無しでも金利8%のコストがかかるワケ

最初に着目したいのは、実は同社の事業ではなく資産である。任天堂のバランスシートを見て、一番気になるのが現金の量である。2007年3月時点での現金預金等はなんと1兆円で、総資産の3分の2を占める（次ページ図1）。

通常、企業は今後の事業活動を継続させるために、ある程度の現金を保有しているものだ。しかし、任天堂の現金は、設備投資や運転資金としての金額をはるかに超えているように思える。磐石な財務基盤だといってしまえばその通りだが、問題もある。これらの現金は、実は「コスト」だということだ。

任天堂の自己資本比率は70％と高く、有利子負債はゼロである。任天

図1 任天堂のバランスシート

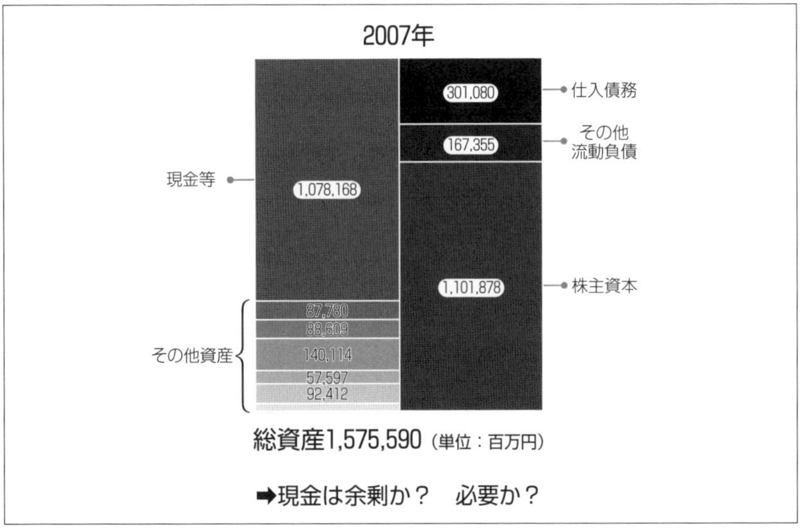

堂のスポンサーは、株主だけだということだ。株主は通常、投資に対して年利８％程度のリターン（利回り）を期待している（図２）。任天堂にも同程度のリターンを期待しているとすると、任天堂にとっては、このお金の調達には単純に金利８％のコストがかかっていることになる。

一方で、任天堂の事業の収益性（詳しく言えば、税引後投下資本営業利益率）は、直近期こそWiiのヒットで12％前後まで上がったものの、平均的には８％程度で推移している。そうすると資本のコストが８％で、事業のリターンが同じ８％ということで、差分の儲けはゼロということになる。事業がいくら儲かっても資本のコストが高ければ企業が価値を創造したことにはならない。

同業他社も見ておこう。

『ドラゴンクエスト』『ファイナルファンタジー』のRPGシリーズで有名なスクウェア・エニックスは、500億円程度を借り入れており、負

図2 株式投資の期待利回り

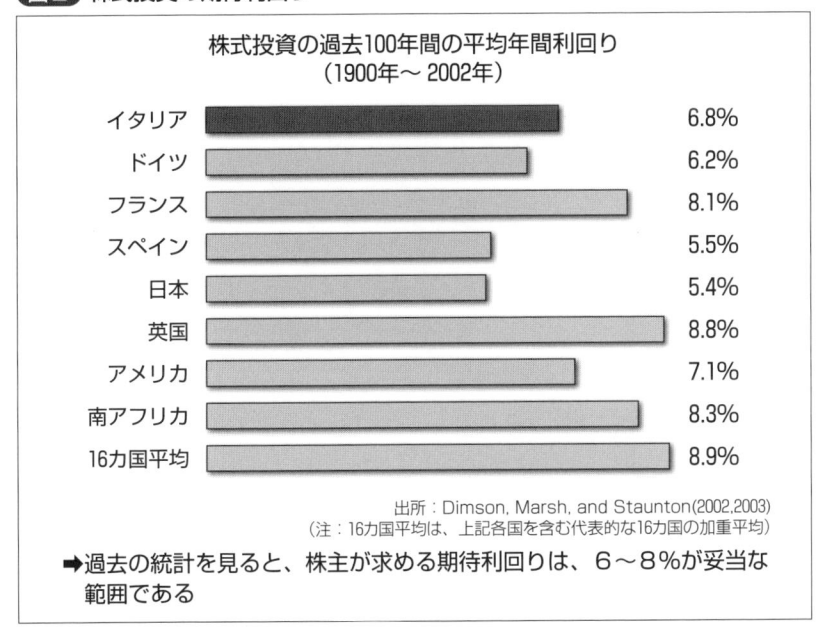

株式投資の過去100年間の平均年間利回り
（1900年～2002年）

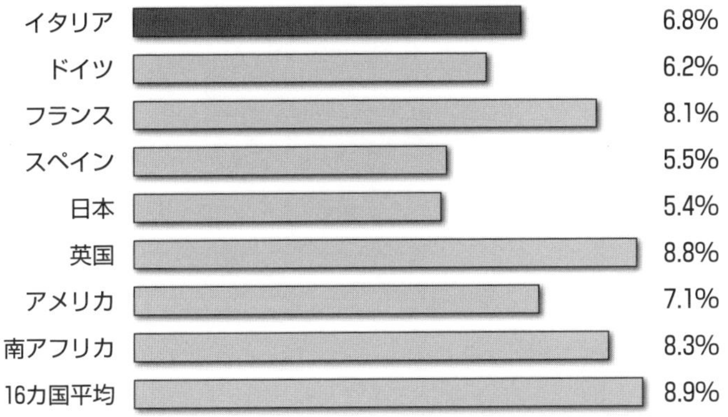

出所：Dimson, Marsh, and Staunton(2002,2003)
（注：16カ国平均は、上記各国を含む代表的な16カ国の加重平均）

➡過去の統計を見ると、株主が求める期待利回りは、６～８％が妥当な範囲である

債の調達コストを仮に３％程度とすると、同社の平均的な資本調達コストは7.3％まで下がっていることになる。

また、ゲーム産業との関わりは少ないが、同じくエンターテイメント業であるエイベックスは、さらに借入を行なうことで資本コストを下げている。

同じ収益性（ROIC）でも、任天堂に比べて資本コスト（WACC）が低いために、この両社は任天堂よりも稼げていることになる（次ページ図３）。

よい企業とは、少ない資本でたくさんの利益を上げる企業に決まっている。任天堂の場合、利益は大きいが、有り余る現金を寝かせているために、分母となる資本が大きく、したがって資本効率が低くなってしまう。

図3 任天堂と同業2社のROIC & WACC分析

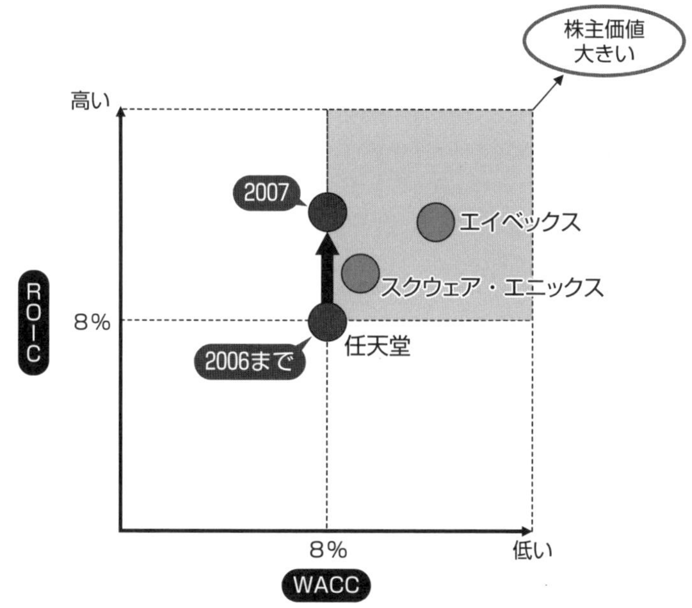

➡任天堂はROICを上げたが、WACCを下げる必要がある

さらにいえば、現金を多く持っているということは、資金の多くを定期預金に預けている状態である。定期預金の利回りは高くて1％、これでは株主の期待利回り８％には到底届かず、資本効率を低下させるばかりである。だが、このような意見は財務的見地からの机上論と揶揄されるだろう。

業界に詳しい人なら、ゲーム業界はあくまで「水物」であり、ヒットが出るかどうかはわからない、だから現金を内部に貯めておく必要があるのだ、と言うだろう。

■市場環境の視点から

➡ゲーム業界は「水物」なのか?

おそらくその通りである。事実、ある証券会社が2000年に予測したゲーム業界のその後の市場規模は右肩上がりであった。だがフタをあけてみると、ゲーム業界の市場規模は、2004年に底をうち、2005年、2006年と回復してきている。そして2007年はWiiとPS３の人気が爆発し、前年比８割増しの過去最高額となった（図４)。

また、多くのアナリストが、発売前時点ではPS３とWiiではPS３に軍配が上がるとしていたが、この予想も裏切られ、WiiがPS３の３倍の売上（国内）を記録している。

図４ 市場規模と会社業績の予想とズレ

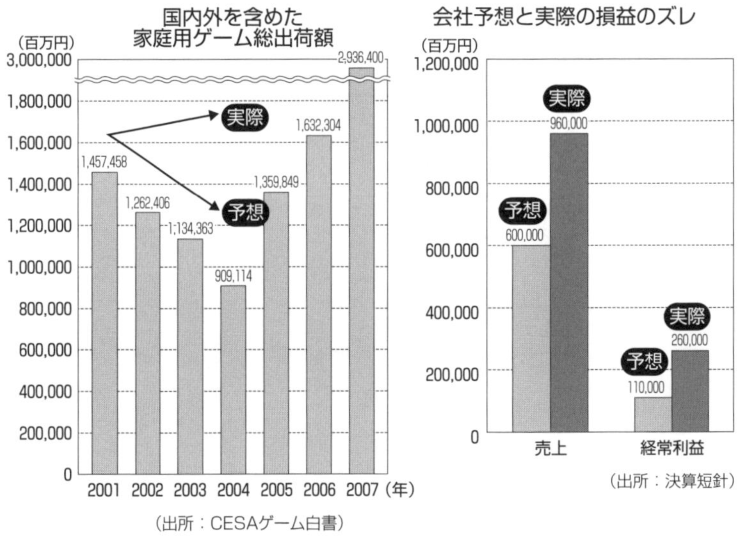

➡予想と大きくズレやすいゲーム業界は「水物」といえる

・任天堂経常利益は予想の４倍

2006年５月に発表された任天堂の会社計画にしても、2007年３月期の予想売上高は6,000億円だが、実際は9,600億円、予想経常利益は1,100億円だが、実際は2,600億円と大きく外れている（通常、インフラビジネスや食品ビジネスだと会社予想の誤差は５％程度と小さい）。これらからわかることは、ゲーム産業は、関係者や専門家、あるいは会社自身にとっても予測の難しい「水物」の業界だということだ。このような業界特性は、各社の会計スタンスにも大きな違いをもたらしている。

・ソフトウェアの資産評価は自由裁量

任天堂、コーエー、カプコンという３つのゲーム会社を比較してみたい。ゲーム会社は、ゲームを開発している期間は、できあがりつつあるそのソフト資産を棚卸資産、つまり在庫に計上しておき、販売を開始して売上が上がると、今度は原価という費用で落としていく。しかし、それぞれの会社において費用と資産の認識方法が異なっている。

まずはコーエーを見てみよう。コーエーの在庫を見ると非常に少ない。これは、資産計上せずに、毎期、費用で落としているということである。したがって、利益に対しては保守的に見積もっているということになる。

任天堂は「移動平均法による低価法」を採用している。これは、ゲームを作っている途中で、売れそうにないと判断すると、在庫の評価を下げて、費用としていく方法である。

最後にカプコンは、「個別法による原価法」を採用している。これは、個別に集計して、かかった分のコストを全部棚卸資産として計上する方法である。売れそうにないと思っても（開発中止にでもならない限り）、売上が上がるまでずっと積み上げて最後まで売れなかった分を費用に落とすため、「必ず売れる」という企業側のアグレッシブな姿勢を表している。

図5 コーエー、任天堂、カプコンの棚卸資産評価比較

（単位：百万円）

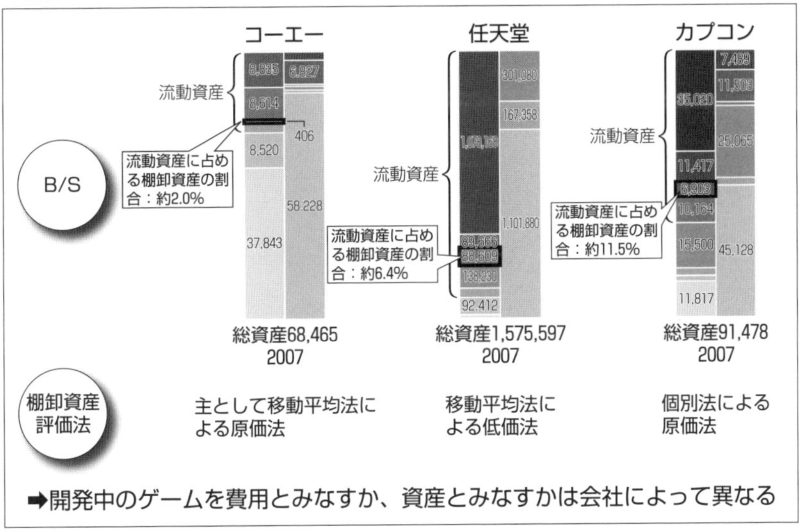

このように同じゲーム業界の中で会計処理に温度差があるのは、棚卸資産に計上されている金額の大部分がプロジェクト別に集計された発生人件費の金額であることに加え、ソフトウェア・コンテンツの会計基準が曖昧なためだ。コンテンツについては、「ソフトウェアに準ずる」という記述があるだけで、具体的な会計基準が存在しないのが現状である。その分、会社側の会計処理の自由度が大きく、制作人件費のどの部分までを間接原価・研究開発費として発生した期に費用として落とし、どこから先を棚卸資産として計上するかは、企業によって差が見られる。

会計で実態を表すことには限界がある。なぜなら会計の本質は、公平性、継続性、統一性を担保することにあるからだ。

どの会社の、どの時期を見ても平等に評価するのが会計というルールの基本概念である。ところが、ビジネスとは「差別化」、つまり、「他と違うこと」こそが、収益の源泉となる一種のゲームだ。したがって、「違う」企業を、「同じ」ように評価すること自身、矛盾を抱えているといえる。会計はあくまでも内部・外部の人が企業の活動実態をとらえるための簡便手段として考えるべきである。

・保守性はどこから来るのか

会計方針さえも企業によって異なってしまう当業界の予測可能性の低さが、任天堂の現金保有率の高さに大きな影響を与えていることは間違いない。

しかし、任天堂の過去10年の売上高、利益、利益率の変化を見てみると、不安定な市況環境といいつつも、継続的、安定的に利益を創出している。ということは、任天堂は、不安定な市況環境を吸収する事業構造を持っているということになる。市況が不安定でも、利益が上がるのであれば、キャッシュリッチである必要はない。

では、なぜこのように過剰に厚い資本を貯めておくのだろうか。その理由を紐解くには、さらにさかのぼって任天堂の歴史を棚卸ししなければならない。

任天堂の創業は1889年（明治22年）である。著名な工芸家である山内房治郎氏（元社長の山内溥氏の曾祖父）が、京都において任天堂骨牌を設立して、花札事業を開始したのが始まりとされている。

その後、代を経て、タクシーから食品までさまざまな事業も経験。1970年代には試行錯誤の結果、玩具メーカーとして強固な地位を確立した。しかし当時の任天堂は、先行投資がたたり、オイルショックも手伝って巨大な負債を抱えてしまい、いつつぶれてもおかしくないほどの状況に追い込まれた。

この時、当時の山内社長は、「娯楽の世界は天国か地獄」と言ったと伝えられている。娯楽商品はあってもなくてもいいもので、目が覚めたら市場がなくなっているかもしれないということであり、その不安定な事業構造を指摘している。

ちなみに、任天堂の社名の由来は、一説によると、中国の故事成語「人事を尽くして天命を待つ」からとられたという。現在の任天堂の社史には、「人生一寸先が闇、運は天に任せて、与えられた仕事に全力で取り組む」と記されているらしい。

このような歴史を考えてみれば、企業の継続的発展のために、常に資本を厚くし緊急の事態に備えようという文化が醸成されていてもおかしくはないと考えられる。その結果が、今のキャッシュリッチな資本構造につながっているのであろう。

任天堂の未来

ユーザビリティ追求型の企業へ

もし、株主として任天堂に賭けるとするならば、任天堂の事業発展ストーリーは、「ゲーム」という枠組みを超えたものでなければならないだろう。

現在でも、任天堂は教育分野などに手を広げているが、それをさらに進め、どのような分野でも有効な「ユーザビリティ（使い勝手）」追求型のIT企業へとシフトすれば、その事業領域はますます大きくなる可能性がある。

考えてみると、これまでの業績を牽引してきたWiiやDSの強みの本質は、単にコンピュータチップの性能ではなく、その考え抜かれたユーザビリティにある。任天堂は、トランプを作っていた時代から、「使いやすさ」にこだわってきた企業である。それまで紙のトランプだったのを、初めてプラスチックで製作することに成功し、トップシェアをとったのだ。ソニーが、技術力を背景に実現できることを実用化してきたのに対し、任天堂は、人間やその価値観を背景に、求められることを（技術で）実現してきたのである。

もし株主として、任天堂を見守るのであれば、その有り余るキャッシュをどこに振り向けていくかを注視すべきだといえそうだ。そして、「ゲーム」を超えた次のステージに到達する意思と可能性をしたたかに確認すべきであろう。

・任天堂応援団が株主？

最後に、株主構成の面から分析していこう。株主構成を見ると、筆頭山内氏、自社株口、京都銀行までで25％と、いわゆる「地場」で固められていることがわかる。その他は信託口や銀行などが続き、一般的な株主構成となっているが、やや同族企業的側面があろう。

図6　任天堂の株主構成（2008年３月）

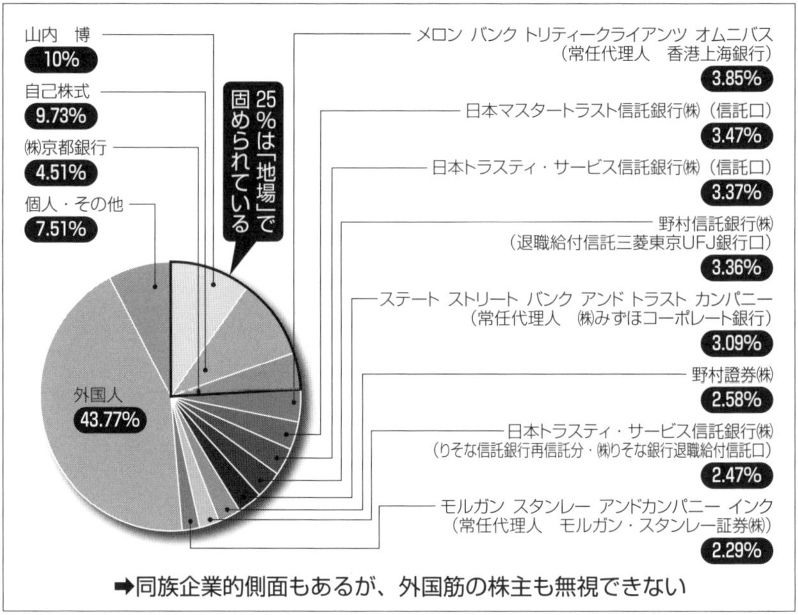

その一方で外国筋も43％を占めており（図６）、価値に対して敏感、忠実に動く株主が多いことから、任天堂や一部の経営者が自分の利益を得ることを目的とした意思決定をする可能性は低い。だが、現在の有り余るキャッシュや資本構成を考えると、一般株主を軽視するまではないとしても、本音では、任天堂の理念・ビジョンに共感してくれる株主に株を持ってもらいたいと思っているのではないか。

それは、単なる利益の追求でない、プラットフォームの普及、遊び心の普及という、より大きなビジョンである。そのためには、ある程度の現金は必要だし、そのような使途で現金を使ってもいいという投資家を求めているのではないだろうか。

まとめ

虎の子である資金を提供する投資家にとっては、企業が内部に現金を眠らせておくことは必ずしも喜ばしいことではない。通常は、もっと積極的に投資を行ない、さらに利益を生み出すか、あるいは還元してほしいと思うだろう。

企業側にとっても株価が下がれば、キャッシュを狙った乱用的買収者の出現の懸念もあろう。今後は日本でもより資本主義が浸透し、資本の「コスト」に対する考えが厳しくなってくるはずだ。

そんな中、この伝統あるすばらしい企業が、資本市場の原理と自社の理念とをどのように織り合わせていくかは大変興味深い。最近はやりの安直な株主主権論や、短絡的な経済合理論に翻弄されることなく、また財務に対する保守的価値観や排他的な企業理念を頑迷に堅持するでもなく、グローバル化する資本市場の中で、しなやかな舵取りを期待したい。

投資家側も、一過性のヒットへの便乗投資や経営者の語る夢物語に踊らされるのではなく、「事業戦略（ロマン）」と「資本政策（ソロバン）」

という「車の両輪」をバランスよく組み合わせ、継続的に成長し続ける企業にこそ、敬意をもって長期投資の対象とするべき時代に差し掛かっている。

キャッシュリッチという側面から任天堂を見てきたが、長期で任天堂のビジョンを達成するためにはある程度の現金は必要かもしれない。それは、エンターテイメントの普及という昔からの会社経営に沿ったビジョンである。1,000種類以上のトランプを発売した任天堂の遊び心への共感こそが、任天堂に投資を行なう１つの意味ではないだろうか？

COLUMN

「率」で考えること　~ROIC《ロイク》とWACC《ワック》~

さて、これまでのコラムで見てきたP/L、B/S、C/Fは、性質や役割は違っても、すべて過去および現在の「額」の動きを表すものである。

しかし、それを見るだけでは十分ではない。企業の価値を評価するには、別の視点、「率」で考えるということが大切である。

以下は、東大合格者ランキングである。

◎東京大学の現役合格者の出身高校の上位５校ランキング（2005年）

　１位　開　成（東京）：118人
　２位　灘（兵庫）：72人
　３位　筑波大附属駒場（東京）：71人
　４位　麻　布（東京）：51人
　４位　桜　蔭（東京）：51人
　※人数は東大合格者数

さて、一番優秀な高校はどの高校だろうか？

答えは、「不明」。これだけ見てもどれがよい高校かはわからない。卒業者数という「分母」が抜けているからである。それぞれの合格者数を卒業者数で割り、合格「率」を見ると、順位は変わってくる。

	東大合格者	卒業者数	合格率（%）
1位　開　成（東京）	118人	400人	29.5%（3位）
2位　灘（兵庫）	72人	220人	32.7%（2位）
3位　筑波大附属駒場（東京）	71人	160人	44.4%（1位）
4位　麻　布（東京）	51人	300人	17%　（5位）
4位　桜　蔭（東京）	51人	240人	21.3%（4位）

東大合格の効率性を考えるなら、少ない卒業生で多くの合格者を出している高校のほうがよいということになる。物事を正確に捉えるには、常に「分母は何か？」と問い、相対的に考える必要がある。

・投資する時こそ「効率性」に着目する

投資においても、この「率」という考え方は重要だ。よく、「売上ナンバーワン」を理由に業界1位を名乗る企業があるが、これも「率」で考えると見方が変わってくる。売上1位を維持するのに無用なコストがかかっており、利益率が低い可能性があるからだ。

しかし、短期的な利益率を見るだけでは不十分である。企業は1年の活動で終わるわけでなく、継続的に事業を展開するので、P/LだけでなくB/Sまでを考慮する必要が出てくる。つまり、事業に投下したお金と事業から得られるリターンを考える必要があるということだ。

事業に投下（投資）された資本が生み出す収益率をROIC（ロイク）という。ROICはReturn On Invested Capitalの略で、投下資本利益率などといわれる。計算式は次の通りである。

ROIC　＝　利益　÷　投下資本

これは、「いくら使って（＝投下資本）、いくら儲けたか（利益）？」を表している。

株式投資の例で考えてみよう。株で100万円儲かった人がいるとする。さて、この人は本当に儲かったといえるだろうか？　実は全額だけではわからない。なぜなら、100万円儲けるのに1,000万円使ったとしたら利益率は10％だが、100万円儲けるのに１億円使ったのなら利益率はわずかに１％、つまり定期預金に預けるのと同じだからである。これがROICの意味である。

しかし、残念ながらここで終わりでもない。投下する資本は「無料ではない」からだ。仮に1,000万円で100万円儲けたとしても、その1,000万円をどうやって工面したのかが今度は問題になるのである。1,000万円を消費者金融で借りてきたら金利は20％。仮に10％のリターンを出しても、マイナス10％となってしまう。

企業も同じである。企業は資本を企業の外から「調達」してきて、事業運営を行なう。その資本の「調達」先は銀行と株主だ。銀行からの調達のことを、「借金」や「借入金」と表現し、株主からの調達は「株主資本」と呼ぶ。

借金には「利子」が付く。利子の目安は、大まかに１～３％程度である。もし利率が１％で100億円借りてくれば、１億円の利子と元本の一部を、ある一定の期間、返済し続けることになる。

一方の株主資本はどうだろうか。バブル期には、株主から調達してきた資本は返済義務がなく「無料」の「自己」資本とまで言われていたが、それはウソだ。世の中に、タダより高いものはない。

株主は出資先のオーナーになるためだけにお金を出すのではなく、

きちんとリターンをもらいたいと思っている。そのリターンのもらい方は、配当金と、キャピタルゲインといって株を市場で売却した時に得ることができる利益の２つがある。配当金もキャピタルゲインも、企業活動がうまくいった結果として株主が得られるものだ。

最近活発な動きを見せるファンドの主張は、端的にいえば「俺たち株主なんだからちゃんとリターンをよこせ」ということである。従来の日本では、株主の「コスト」という認識があいまいだったため、今になって企業はあたふたしているという状況である。

ところで、株主からの調達コストは、低くて４%程度から、高くて30%以上の場合もある。いずれにせよ、銀行の利子と違って「成果報酬」なので、求めるリターンは利子よりも高くなる。こうなると企業は、単に収益性（ROIC）を高めるだけでなく、調達の際にかかったコスト以上のリターンを出さなければならない。

この調達コストのことを、WACC（ワック）という。企業は通常、株主と銀行からお金を調達してくるので、このワックは、両者の調達コストを平均したものになる。たとえば、借入で100億円、株主から100億円調達してきて、それぞれのコストが、借入金利１%、株主コスト６%とし、両者を平均するとWACCは3.5%となる（税金は無視している)。

WACC3.5%
＝（100億円×１%）÷200億円 ＋（100億円×６%）÷200億円

この調達コストの計算法のことを、「加重平均」という。中学校で習った食塩水の濃度の計算といえばわかるだろうか。調達してきた資本を使って稼ぐ能力を表すのがROICで、その調達のコストがWACCである。そう考えると、究極的に「良い会社」とは、コス

図7 ROICとWACCの関係

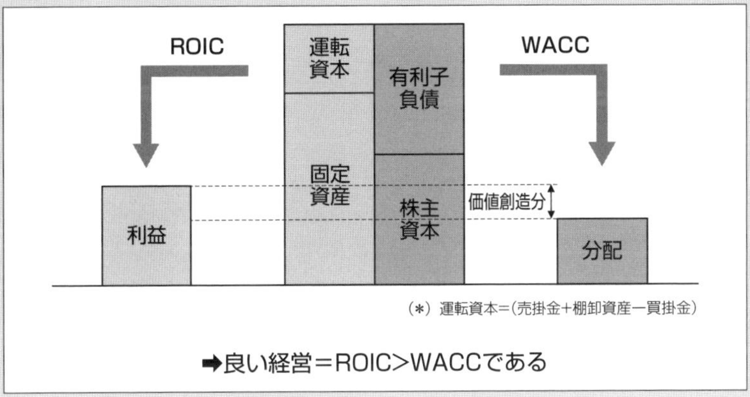

ト以上に稼げる会社、要するに、ROICマイナスWACCの差が大きな会社ということになる。

WACCとROICは経営を考えるうえでとても重要な概念である。なぜならCEOの究極の目的は、係数的な話をしてしまえば、ROICを上げ、WACCを下げることだからである。

世知辛い話だが、21世紀の企業は、「株主資本はタダではない」ということを肝に銘じておかなくてはならない。

終わりに

先日、とあるコンサートに行きたいと思い立ち、あわててチケットを取ろうとしたのだが、大変な人気ですでに完売していた。

落胆したのだが、どうしても行きたかったので、やむなく初めてインターネットオークションでチケット落札を試みた。

一番高い入札価格より少し高めに入札してみるのだが、すぐに他の人がそれよりちょっと高い金額を入れてきてなかなか競り落とせない。私はできるだけ安く買いたいと思い、またそれより少しだけ高い金額を入れる。そうこうしているうちに、チケットを安く落とすことに夢中になってそのコンサートに行きたいという本来の目的を忘れてしまいそうになっているのであった。そのことに気づいた私は、「一体いくらならこのコンサートに行きたいか」を考え、その金額を入札して寝ることにした。結局、私はそのチケットを落札することができたのであるが、そのときに気づいたのは、コンサートが自分にとってどれくらいの価値があるものなのかが重要なのであって、他人の出方を見て少しでも安くチケットを買うという考えは本来的には意味がないということであった。

さて、2005年にブームとなった株式投資は、いまやなりを潜めている。投資初心者の中には、「株なんて所詮ギャンブルだ」といって撤退した人も多いだろう。

我が国の投資の風潮は、株価の上下を予測し、その売買を通じて利ざやを稼ぐことを重視しすぎているのではないだろうか。コンサートよりもチケットを落札することに主眼が置かれているということだ。

確かに株の「売買」では、ある一定の定石・トレンドをつかめば「勝てる」時もあるし、わずかな確率で勝者も生まれる。勝者は崇められるが、その数千倍に上る敗残者のことは語られることなく、成功を求めて市場にやってくる挑戦者はあとを絶たない。それは夢を求めて列に並ぶ年末の宝くじ売り場に似ている。しかし、どんなに小さくてもこの売買にテラ銭（税金、手数料といった参加費）が存在する限り、取引を続ければ必ず誰かのもとに損失が発生してしまう。

トレーディングで勝利を得る最大の秘訣は、どこかで「勝ち逃げ」すること、つまり勝負を降りることだが、「勝ち」の快楽を忘れられない私たち人間にはそれができない。結局、ゲームを続け、そして最後にはお金を失うことになる。

私たちは、株式市場という閉じた系の中で株価という紐の引っ張りあいをしているにすぎない。それは誰かの「勝ち」が誰かの「負け」につながるWin-loseの綱引きゲームであり、市場参加者のエゴの増大が続く限り終わることのない営みである。「株価」という絶対目標に対し、市場参加者が知恵を絞って勝負をするというそのゲームの目標は、常に「金」であり、どの「会社」に投資するかではない。会社は、金のための「手段」にすぎない。そこに会社は存在せず、ただ記号としての株価だけがある。

だが投資は本来、ゲームではない。政府は株式市場という「公営ギャンブル場」を運営しているわけではない。われわれは、閉じられた市場という系の中で、「富の移転」を繰り返すのではなく、社会への「価値の創造」という側面から投資を捉えなければならない時期にきているのだと思う。

「株」の先には「企業」があり、企業の先には「社会」がある。企業とは、社会に価値を生み出すための組織体であり、投資とはその組織体に参加する行為である。そして、投資した企業が創造した価値の還元を受け取ることが本来の投資のあり方ではないか。

企業は、計画を練り、お金を工面し、投資をし、運営し、その成果を投資家と分かち合う。そのサイクルに参画することが投資の醍醐味といえよう。そしてそのような姿勢で投資をするならば、投資は一生続けるべき価値ある社会参加の一形態になるだろう。私はコンサートに行きたいのであって、チケットを売買したいのではないのである。音楽家も観衆に心から楽しんでもらうために演奏をするのである。

私がこのように考えるようになったきっかけは、M&Aの世界で働く中で、企業の安易な「売買」に違和感を覚えたことだった。金融業者が言うところの会社は確かに「キャッシュマシーン」であり、魂を持たない自動販売機だ。しかし、会社という“法人”は、ロジック（論理）だけで割り切れるものではなく、それぞれに魂があり、カネで計れる以外の価値がある。会社は経済体であると同時に、コミュニティ（共同体）だ。それをキャッシュで売ったり買ったりすることについて私には違和感があった。

私が本書を執筆した理由は、企業分析の面白さ、奥深さをより多くの人に伝えることで、少しでも企業の本質的価値を見抜いて本当の投資をする人が増え、その結果として我が国全体の資本生産性が向上すればと思ったからである。

私は今、33歳である。私と同じ年の日本人は220万人いるが、5歳の子供はその半分の110万人に満たない。本格的な少子化の時代を迎える私たちにとって、1,200兆円ともいわれる家計資産の資本生産性の向上は、労働生産性の向上と同様に重要な課題なのだ。本書がその課題解決の一助を担えることを願ってやまない。

謝辞

本書は、当時私が連載をしていた「ダイヤモンド・ザイ」の編集者である北川哲さんからの提案がきっかけで著されることになった。企業分析のケーススタディ本で、企業を見るさまざまな視点を読者に伝えようというアイデアを氏よりいただいた。

編集に当たっては、日本実業出版社の横田大樹さんに大変なご協力をいただいた。３年越しの企画であったがどうにか出版までこぎつけることができたのは氏の献身によるものである。心より感謝します。

また本書の分析は、岩澤智之さんと私との数か月におよぶ協働作業によるものである。

そして、現在わが社を力強く支えてくれている佐々木靖人さん、丸山敦士さんには分析面でサポートをいただいた。長崎恭子さんには本書の構成から進捗管理まですべてをフォローしてもらった。良いスタッフに囲まれて仕事ができ、私は幸せである。いつもありがとう。

また、入稿前に厳しくも温かいアドバイスをくださった同僚や友人の皆さん、執筆が進まず、悩んでいたときにも温かく見守ってくださった方々にも、心から感謝申し上げたい。

そして最後に、読者の皆さん、本書を最後までお読みいただき、大変光栄です。本当にありがとうございました。

山口揚平

著者から読者の皆様へ

「Case Study10」プレゼントのお知らせ

本書に掲載できなかった10社目の分析レポート「Case Study10」を読者の方限定で無料プレゼントいたします。

下記のＵＲＬにアクセスしてください。

新興上場300社の中から選ばれたある有望企業の分析をお読みいただけます。

なお、このプレゼントは予告なく終了する場合がありますので、お早めにアクセスしてください。

↓

【読者様専用ページ】

http://shares.ne.jp/report

キーワード:case10

山口揚平（やまぐち　ようへい）
早稲田大学政治経済学部卒業。トーマツコンサルティング、アーサーアンダーセン、デロイト トーマツ コンサルティング、アビームM&Aコンサルティング シニア・ヴァイス・プレジデントを経て現在はブルー・マーリン・パートナーズ代表取締役を務める。我が国における大規模なM&A、企業再生案件に多く参画。ファイナンスの知識と、戦略・オペレーションコンサルティングの経験を併せ持ち、財務・業務の両側面から企業を分析し、投資価値の算定や戦略の実施を行うことを専門とする。同時に、書籍の執筆や講演などを通して我が国のファイナンシャル・リテラシーの向上に貢献。著書に『なぜか日本人が知らなかった新しい株の本』（ランダムハウス講談社）がある。

ブルー・マーリン・パートナーズ
2006年創業のコンサルティング・ファーム。企業戦略と資本政策を組み合わせてクライアントに貢献。複雑な意思決定、財務戦略、IRコンサルティングに強みを発揮する。個人投資家支援サイト「Shares」の運営も行なう。
【TEL】03-3219-5300　【URL】http://www.bluemarl.in/

【執筆協力】
岩澤智之（いわさわ　ともゆき）
東京工業大学経営システム工学科卒業。アビームM&Aコンサルティング、ブルー・マーリン・パートナーズを経て現在はプレセナ・ストラテジック・パートナーズにて、企業改革およびビジネススキルの体系化と普及に従事。共著として『M&Aを成功に導くビジネスデューデリジェンスの実務』（中央経済社）がある。

デューデリジェンスのプロが教《おし》える
企《き》業《ぎょう》分《ぶん》析《せき》力《りょく》養《よう》成《せい》講《こう》座《ざ》

2008年10月10日　初版発行

著　者　山口揚平
発行者　上林健一

発行所　株式会社日本実業出版社　東京都文京区本郷3－2－12　〒113-0033
大阪市北区西天満6－8－1　〒530-0047
編集部　☎03-3814-5651
営業部　☎03-3814-5161　振　替　00170－1－25349
http://www.njg.co.jp/

印刷／壮光舎　製本／若林製本

この本の内容についてのお問合せは、書面かFAX（03－3818－2723）にてお願い致します。
落丁・乱丁本は、送料小社負担にて、お取り替え致します。

ISBN 978-4-534-04449-5 Printed in JAPAN